蘇惠昭——著

他們或縱身自然，或獨行藝術曠野，漫漫前行，閃著微光

守住角落的人

目錄

Part 1 他們，在森林裡，在曠野中

人們最常聽聞石虎死於路殺。根據特生中心統計，2011到2018年，平均每年有8隻石虎死於路殺；而每年因雞舍衝突而死的石虎估計有20到50隻。如果任由情況繼續惡化，二、三十年後台灣將看不到石虎……。

陳美汀雖然悲觀，但還是想做一些事去阻擋，盡力保住現在所看到的族群。因為當阻擋的力量抵擋得住石虎數量減少的速度，滅絕的時鐘就可以延緩，人類的罪惡也可以少一點。（照片提供／陳美汀）

水雉長了一對長腳趾，以及一身隨著季節變化的羽色，飛行時優雅如仙，人稱凌波仙子，是台灣最美的水鳥。因農田施作農藥關係，水雉一度在台灣瀕臨絕種，復育至今，2021年全省統計是2252隻，80%分布於官田。

李文珍繼承先生的的遺志，持續水雉復育工作，也是守護台灣的土地和台灣人的健康。她到農藥行蹲點，和農夫阿伯聊天交心，因為她知道「只有肯定農民的價值，一起解決問題，友善耕作才能一直走下去。」

「聲音教育」在台灣是可怕的空白，太多人在大自然裡嘻笑喧嘩，太少人認真傾聽，沒有人知道那裡面蘊藏著溫柔又堅定的力量。

2022年7月18日，世界聆聽日，世界非營利組織國際寧靜公園授證給太平山翠峰湖環山步道，全球第一條「寧靜步道」（Quiet Trail）誕生了。這天范欽慧沒有哭，卻無法抑制內心滿滿的感動。她認為，這條路意義非凡，代表著這個世代人類的選擇，「寧靜」並不是沉默，而是深刻關懷土地所採取的反思及行動。

全台陸蟹種類最多的地方就在恆春半島，最新紀錄是55種，還有9種新種即將在國際期刊發表。但20年來，陸蟹已經消失80%以上。台26線香蕉灣海岸林、滿州港口溪、保力溪都是熱點，但逛墾丁大街的遊客絕對不會知道，因為看不見，也許也不會感覺到心痛。

如果獵殺灰面鵟鷹是谷清芳的前世，調查與守護陸蟹就是他的今生。他與專家學者一起發現新種陸蟹，一起抵擋沒有必要的公共工程，只因陸蟹對他來說，「是重要的家人。」

2012年劉志安創立「台灣星空守護聯盟」臉書社團，2014年動心起念，孵育一個把合歡山推向暗空公園的大夢，終於在2019年7月，合歡山暗空公園通過國際暗空協會（IDA）認證，成為台灣第一座，亞洲第三座暗空公園。從鳶峰前兩公里到小風口，核心區域全長12公里，面積1400公頃，約四個台北市大。

劉志安的夢，就是守護星空，光害歸零，把星星找回來，不只合歡山，還有大雪山、阿里山……讓下一個世代有星空可以仰望，天長地久，直到地球毀滅。（照片提供／劉志安）

台灣曾經是一個梅花鹿遍野的島嶼，但野生梅花鹿可能在1969年就絕跡，墾管處則自1984年起展開台灣梅花鹿復育野放計畫，恆春半島估計約有1500到2000隻梅花鹿。因為愛上恆春，吳嘉錕開始拍梅花鹿，一拍就十多年。問他為什麼拍鹿，他講不出答案，但照片說出了為什麼。每一張都是對人生的回應，是器材和技術之外的認真、等待與無所求。穿越曾被死亡凍結的暗夜迷路他繼續前行，走進風與陽光共伴的所在。在那裡他和梅花鹿談了一場戀愛。（照片提供／吳嘉錕）

曾經沒有玩具的年代，媽媽會用隨手取得的菅芒或芒萁編出牙刷、雨傘、小雞、小鴨、師公鈴鐺等等來支開黏在身邊吵鬧不停的小孩，小孩看著看著自然就會。可惜之後隨著都市化的進程，與大自然日漸疏離，這項手藝漸漸流失……。

推廣草編，是林三元現在的任務與夢想。他重新定位草編，為必須傳承之民藝，成立粉絲團，製作教學影片，極盡可能的吸收學習，精進技藝，並結合日本摺紙，越南和阿美族的傳統編法，發明足以申請專利的螃蟹。

在台灣，老鷹目前被列為「珍貴稀有」。從1992年開始，「老鷹先生」沈振中年復一年調查老鷹數量，一直找不出老鷹消失的原因。直到2013年，人稱「老鷹公主」的林惠珊終於找到原因：農藥。老鷹因為吃下胃中有毒稻穀的麻雀和紅鳩而間接中毒。《老鷹想飛》則是梁皆得所拍攝的生態紀錄片。透過這支影片，也讓更多人重視老鷹的生存，了解老鷹的困境，從老鷹的問題看見台灣所面臨的食安問題，如此台灣的老鷹才有希望，和我們一起平安的活下去。

2020年3月26日，對蘇惠昭來說是一個生命中必須註記的日子。有一種不認識的花轟轟然開展在她眼前。白刷刷的頂生花花序，每一朵就像微縮版的百合，然後數十朵百合聚攏成一束，偏長在公園邊角。幾經追查，原來竟是一種在台灣曾經滅絕的植物——澤珍珠菜。

你身邊有哪些野花正在綻放呢？不妨蹲下來，去接近、觀察、探索，每一朵野花後面都有一個故事可以訴說。每一朵野花都是大自然的禮物，也是你認識大自然最單純的入口。

他們的心願

李後璁——「只要記得從何處出發，又走了多遠，你就不會迷失。」南島航海尋路人說。這既是路標，也是指引。莫忘回顧，也別忘了當下是如何層層疊起的自己。追蹤不只用於自然，也用在看見自我，我相信，那是最浩瀚的追尋。

林三元——兒童是國家的希望與珍寶，網路科技卻想擁抱、獨占他們。你無法抵擋這滔天浪潮，但絕對可以讓孩子暫時離開網路，去學習一些簡單的草編技巧。從小體會手作的美好，素養教育，自然而然就在其中了。

林哲安——台灣是個土地小，人口多，生物多樣性超高的寶島。因此，不論何時何地，不分你我，都要把「人與自然共存共榮」之心帶在身上並努力實踐，才能達到實質的保育成果。人人有責，一起努力喔！

范欽慧——當世界有些聲音被迫停止時，有些聲音才真正被聽見。我們要學會不只是聽見人類自己的聲音，也要學會去聽見，那些被我們遺忘的古老存在。

曾大福——我開書店就像王寶釧苦守寒窯。守著寒窯好幾十年，有時一天站十四小時，有時愛書朋友三更半夜召喚，我也會去打開書店，他們要逛多久我就等多久。之所以如此甘心情願，是因為我相信書的價值，是書對一個人，無可取代的啟發和影響。

黃仕傑——夢想難以實現嗎？也許。但其實每件事在尚未完成前都算是夢想。從小到大，我們學習，執行，修正再執行，完成過多少事呢？能夠把事情一件一件地做好，就代表你我都有完成夢想的能力。世界很大，不要小看自己，缺乏的只是執行到底的勇氣！

黃美秀——我入山，只因為喜歡；為熊奔波，只因為不捨。聽從自己心的聲音，相信自己所見所感，路遂從此展開。一條鮮少人跡的路，因堅持不懈而激起生命感染生命無數的漣漪，不再孤寂，反倒生趣盎然。

綦孟柔——忙碌的人生有時候停下腳步，望向山，望向海，你會看到不一樣的景色與生態，這都是台灣獨有的，也是我們可以努力維護的。讓我們共同維持這片生態，與土地共存共榮。

劉志安——要改變自己的觀念都不容易，更何況是去改變一群人？一整個社會？光害防制是新的環境議題，需要時間慢慢去溝通，建立與改變。但願透過我們的努力，這最後一片環境保護拼圖可以早一日拼上去，讓環境保護的範疇趨於完整。

顧瑋——我們從來都不是因為「很會」一件事情而去做一件事情，而是因為「想做」一件事情而去做。只有「純粹」，能讓我們在無知中保有熱情與勇氣，跌撞著往前行。（按姓氏筆畫序排列）

推薦序

用感情之筆寫情感之人

資深媒體人／陳裕鑫

當台灣政治大街漫天口水，是非難辨時，誰能為台灣守住最後清淨之地呢？蘇惠昭這本《守住角落的人》，一個個勇士挺身而出，猶如漫威電影裡的「復仇者聯盟」，為對抗台灣的黑暗次元而戰。

當然，這些信念者不是想像力豐富的幻象，而是就發生在我們的周遭，只是我們太注意喧嘩的大道，而沒有注意到偏僻角落。痛心黑熊斷掌，「我是一個科學家，我打開了一個黑盒子，而那黑盒子是如此的不堪。」黃美秀毅然回台投入黑熊研究及救援；陳美汀為研究石虎，不慎闖入虎頭蜂警戒區，被螫了一百多針，走過生死交界，她相信老天把她留下來，「一定是還有我必須完成的任務。」；漢聲大家長黃永松看過科技CEO林三元的草編作品後，他像揭開封印般宣告：「這就是你的使命。」這些回應內心深層的吶喊，不正是「復仇者聯盟」的召喚嗎？

當然，他們不像復仇者聯盟，與生俱來超能力，反而像台灣新電影保姆廖慶松形容的，回首奮鬥過程「那是一條修煉之路！」惠昭不同於月旦人物的冷酷筆調，也迥然相異於流水帳的人物傳記，她是用感情之筆寫情感之人。所以你會看到獵人從良的古清芳，把陸蟹說是他「重要的家人」。她寫道這個答案溫暖到讓人想哭。或者「老鷹先生」沈振中目睹當年怪手寸寸進逼老鷹棲身的外木山區，「是老天爺派遣我來記錄老鷹的毀滅史嗎？」讓人心痛的文字躍然紙上。

在當時《蘋果日報》蘋中人版主編江中明的邀約下，惠昭成為當時的作者群之一，我才有幸成為她每次作品出版前的VIP讀者。每次她提出的採訪名單，總讓我眼睛為之一亮，也充滿期待，因為這些幾乎都是如植物獵人洪信介是「脫離航道漂流」的人物，寫成新聞容易，寫人物困難，不是恐失於教條，就是怕太濫情。走在採訪文學的鋼索上，她如朱天文般「對技藝情有獨鍾」，完成一篇篇動人的採訪，也讓整日新聞喧囂的報紙，得到自我安慰的些微救贖。

惠昭興趣廣泛，站著拍鳥，趴著拍花，所以寫作名單就多采多姿。而且她的涉獵，不是蜻蜓點水，而是鑽得很深，有點瘋狂。她拍鳥，台灣三十種特有種鳥都蒐集入袋；拍花，可以成為澤珍珠菜已滅絕一百二十三年後，重見光明的發現者。也因為她用功之深，才能帶我們進入這些受訪者的世界，添補我們人生經歷的可能缺口。

雖然復仇者聯盟都是英雄，但只凸顯英雄會不會更窄化了許多人的貢獻？所以這本書其實不應該把它侷限在英雄書，而是夢想之書。守護星空的劉志安，「我提早退休，不是因為很富有，而是因為心中有夢。」；把土地通通買下來，留給鳥兒，這是田董米林哲安的夢想；鄭明岡有一個夢想，就是讓在地化與獨特性的山月村重新屬於太魯閣族人；媽媽編，孩子學，這種「手把手」的學習，是後來林三元推廣草編最大的夢想。

爬山時尋山徑而行，跟著眾人足跡，較不會迷路，但山路多變，常會變得險阻難行。就像中橫四辣之首的屏風山，舊路崩塌、發生多次山難，幸好有一批探勘的登山者，勇於走一條人少的路，才能開闢出新路線，造福後來的登山客。這本書所記錄「守護角落的人」，以及書外也在守護的人，他們就是走一條人少之路，孤寂卻勇敢，正在走出未來的新路。

推薦序

野花是她，野鳥也是她

有方文化社長／余宜芳

大概是編輯做久的「報應」，這篇序文難產折磨甚久。編輯工作之一是邀人作序，忽然有一天，角色替換成為「寫序人」，深深體會真是不容易啊。平常文章寫壞了文責自負，但推薦序寫得不好看不到位，直接影響讀者對此書的第一印象，未免罪過。

難產的另一原因是太喜歡這本書，戰戰兢兢心理壓力太大。然而，再難產也要硬著頭皮完成，無從推辭。畢竟，這本書的源起來自我不放棄的「追求」，每隔幾個月就和作者蘇惠昭對話：「惠昭，相信我，這本書一定要出版，太好看太有意義了。」「真的嗎？妳真的要出嗎？我真的很怕害你們賠錢。」來來回回數次，她終於下定決心。她不是客氣話。在文化相關產業這些年，惠昭是我見過最謙遜、把自己放到「最小」的寫作人。當我們把新書封面設計好，請她過目並選擇較喜歡的一款時，她回覆：「你知道，我是一個很怕看到自己名字的人，能把作者名字移到下方，並且縮小一點嗎？」她有一種「角落性格」，抗拒成為焦點，最好永遠沒人注意，能讓她安安靜靜做事就好。

寫人物，惠昭真是一把好手。多年來，許多重要刊物向她約稿，請她負責人物專訪，她總是做足功課，準時交出精彩的文章，二、三十年下來，採訪過不計其數各界名人。誇張一點說，也許你從未記住過「蘇惠昭」三個字，卻一定看過她寫的人物報導，各行各業各形各色各種跌宕起伏的精彩人生。

五十歲之後的惠昭，人生有了大變化：除了專業寫作人之外，更成為一個瘋狂「攝手」，全心全意拍野花野鳥。有多投入呢？這二年多每次與她連絡書稿事宜，沒有一次，真的沒有一次她的人「乖乖」待在基隆家裡，答案從「我正在大雪山拍鳥。」「這二天人在谷關拍蘭花。」「我在宜蘭拍鳥。」「人在合歡山拍野花。」……從台灣頭到台灣尾，從台灣西到台灣東，幾乎傾盡所有餘暇尋找野花追逐野鳥。也因此，不到十年光陰，台灣三十種特有鳥類拍攝完整；拍野花拍到發現據說已滅絕台灣土地一百多年的「澤珍珠菜」，告知植物學者後，被列入論文的第三作者。

愛上野花野鳥後的惠昭，越走越遠、世界越來越大，筆下的人物不再只限於藝文界。特別是《蘋果日報》「蘋中人」專欄，讓她自由提出想要採寫的人物，採訪名單果真帶領讀者進入新世界：守護宇宙星空拼出暗空公園的劉志安、森林裡跳躍採集的植物獵人洪信介、曾獵殺過數千隻候鳥如今成為陸蟹保育者的古清芳、愛上梅花鹿的吳嘉錕、為了鳥類能有無農藥過冬棲息地乾脆下海種稻賣米的台大畢業生林哲安……。透過她，我們才知道，台灣各個角落有這麼多可敬可愛的守護者，他們不計代價，用生命實踐信念。

寫作蘋果專欄二年多，對惠昭是祝福也是詛咒，採訪過程常跟著受訪者掉淚，寫作時飽受罪惡感折磨，覺得自己相較之下廢人一枚，對土地毫無貢獻。怎麼會呢？我想趁此機會對她說：「妳也是守住角落的人，用妳的筆和他們一起守護。」礙於篇幅，收錄於本書中「守住角落的人」共二十四位，從藝術文化界到自然生態領域。反覆討論，分成以下三部：

第一部：他們，在森林裡，在曠野中。守護星空／守護寂靜／守護陸蟹／守護石虎……用盡知識擠乾力氣依然前進的他們。

第二部：大自然的翻譯者。自然如此複雜深奧，需要有人自深林或海上歸來，用影像用故事，溫柔帶領我們進入奇幻的世界。

第三部：他們，走一條人少的路，得自由。不管是藝術創作或是開書店或從CEO變成草編街頭藝術家，聽從內心的召喚，他們走上人跡罕至的路，開出自由的花。

二十四位癡人，二十四個夢想者，文章不敘述偉大也不販賣悲情，處處是幽默和人性的洞察。她寫水準書店的老闆曾大福：「採訪曾大福確實是艱難的事，他的答題原則是，無論你問我什麼，我只說我想說的，從地平線到外星球。」她寫剪接大師廖慶松談剪接：「丟掉個人評斷，一遍又一遍重複看，進入導演所拍的東西，把它的生命找出來，讓靈魂釋放出來。」對廖慶松而言，「這是剪接，撇開技術，聽電影說話、找出影片該有的樣子。而不是我認為它應該有的樣子。」讀著讀著，我讀懂了這些人物，也讀懂了惠昭。

她和他們，都是角落者。某種程度來說，和主流世界格格不入，但誰在乎呢？他們在角落裡創造出無限豐富的大宇宙，安身立命。光是知道有這些人的存在，就給我帶來一種奇異的安心感。覺得這個世界仍然有救，不那麼汙濁不那麼算計，不是只有一種勝者為王金錢至上的價值取向。只要活著只要作自己喜歡的相信的認同的事，就是幸福。

一次通電話，她說：「我正在馬胎古道拍蘭花，這裡超多野生蘭超好拍。」「什麼？我上個月才去走過馬胎古道，看到很多很肥大的毛毛蟲，但沒有看到半朵蘭花啊？」她傳來一張照片，野生蘭花小到她必須趴在地上才看得見拍得著。那一刻，我恍悟，野花是她，野鳥也是她，角落裡的美麗，天空裡的自由。

自序

致 山巔水涯的孤勇者

回首望回過去，是一段漫長的人物採訪歲月，而這本書，正是這段漫長歲月的真情凝縮版。

漫漫長路，已經很難定位真正的起始點了。

也許可以這樣粗分為幾個階段——

一開始，我的採訪對象都是藝文界人士，作家，出版人，曾經在《金石堂出版情報》寫了七、八年，每月採訪兩位作家，年底還加碼年度風雲人物，加起來差不多有兩百位吧？後來《印刻文學生活誌》開闢一個欄目，叫做「CEO生命閱讀」，我因緣際會與印刻總經理田運良合作，採訪過大約一百位CEO，談他們的生命經驗，以及閱讀如何影響人生，主題還是各種類型的書，但最令我這個所謂文字工作者實則社會局外人大開眼界的，是踩進CEO們五彩繽紛的工作場域，某位CEO會在辦公室練高爾夫球，演算易經，拜各種神明的也有。

再來是以女性力量為核心的網路原生媒體「非常木蘭」，我在這裡報導了四、五十位集勇氣、專業、成功於一身的女性。成功未必是世俗定義的成功，走在自己選擇的路上，向著想要抵達的地方努力，這就是成功。

每一次的採訪都得到某種力量，獲得啟發，但一交出稿子，又瞬間縮回自己的殼裡嗑韓劇。

喔對，我還寫過一本名人如何教養子女的採訪書。

到這裡為止，採訪對象都是媒體決定然後丟給我，這很有趣，每個月接到名單就像開獎，總之，大獎二獎三獎，我月月中獎，躲在殼裡的人生，採訪即是獎賞，受訪者交付的生命故事，字字句句皆珍貴的禮物。

我在各種媒體寫人物採訪，《金石堂出版情報》、《印刻文學》、《台灣光華雜誌》、非常木蘭、50+、《中時開卷版》、Openbook、對岸的《鳳凰月刊》——交稿準時，頗獲好評

（？），直到開始幫《蘋果日報》寫蘋中人版，事情變得詭異了，雙重的詭異，一是採訪者本人我性情大變，而採訪的對象，換成我必須自己來找。

我的轉變，來自於開始辨認路邊野花，看鳥，然後從路邊野花移情到野生蘭，瘋狂的程度，大致有七十分吧。寫〈路邊野花〉、〈野生蘭〉，以及〈發現澤珍珠菜〉這幾篇文章時，我只認識三種蘭花，沒上過一堂植物課，三年之後的現在，我看過兩百種野生蘭（剛好抵達入門門檻，幼幼班），正在進行式的植物課也上了二十多堂。

這世界如此新鮮，我彷彿找到了一個重新愛上它的理由。

但大自然其實也是一個不仁，無心的宇宙。台灣藍鵲吃五色鳥五色鳥吃蟬吃螳螂。靠著隱藏、偽裝或說謊，植物才得以生存繁衍，而人類也是大自然的一分子。

我還在某公司的月刊寫過一篇〈台灣三十種特有種鳥〉，沒騙人我真的每一種都遇見過。

蘋中人版的作者被要求自提名單，再交由高層審核。

自提名單？誰怕誰？一無非從朋友下手，二，就是假公濟私，提名自己渴望認識，有一卡車問題想問的人，於是很自然而然的，我就走了動植物路線，可恨啊，就在我還有很多人有待攀緣（喔不，採訪）時——譬如在觀霧認識的巡山員李聲銘，潛水與海龜議題等等，紙本的《蘋果日報》告別江湖，我的採訪人生，老派的訪談寫作，也差不多走到底了。

採訪到掉眼淚，一邊寫一邊哭，覺得自己是個對土地毫無貢獻的廢物。寫蘋中人那兩年，身心備受煎熬，活在巨大的罪惡感中。

後來發生了比上火星種菜更難以相信的事，我的朋友總編輯兼烹飪高手余宜芳，竟然從我四方散逸，杯盤狼藉的人物採訪中，理出脈絡，找到了關鍵字。惠昭，她很興奮的私訊我，我們來合作出書吧！

採寫和做菜其實是同款的工，訪談內容等於食材，我們就是要想辦法組合材料做出一道菜。

那幾個關鍵字，就是守護，角落，走一條人少的路。

在某個角落守護著，吞下孤寂，拒絕方便和利益。背對主流，不與人同，走一條人煙稀少的路。這樣的人，我總想像他們是幽暗林中的小鬼蘭、紅寶石赤箭、和社指柱蘭……。

宜芳，我想這一定是妳開始爬山的關係，走進大自然這件事果然會讓人鬼迷心竅，無法抵抗行向山巔水涯的孤勇者們。

但這書其實也與我無關，我的名字可有可無，它屬於每一位受訪者，無論有無收錄在書中的，都是此生此世，來度化我的人。

感謝余宜芳，也感謝從古至今，督導我，修正我，給我機會採訪的人，彭世珍、莫昭平、李金蓮、周月英、封德屏、吳涵碧、羊憶玫、滕淑芬、田運良、彭蕙仙、徐開塵、陳苓云、陳裕鑫、江中明、王美珍、吳丹華……。

特別是江中明，這本書，他有一半的功勞。

但願人類承認自己的渺小，貪婪，但願野外不要再有流浪貓犬，相信生命自會找到出路那是太樂觀了，而該還給大自然的，就要還回去。

在這塊生養我們的土地上
你有沒有像想要守護的東西呢？
這並非偶像劇的台詞
也不是浪漫的誓言
而是數十年如一日的行動、行動和行動
必須用盡知識擠乾力氣
才能搖醒一小群吃飽喝足醉昏昏的人
才能抵擋傷亡、消逝或滅絕於萬一
守護到身心都傷痕累累依然前進
這是對土地終極的愛

PART 1

他們，
在森林裡，
在曠野中

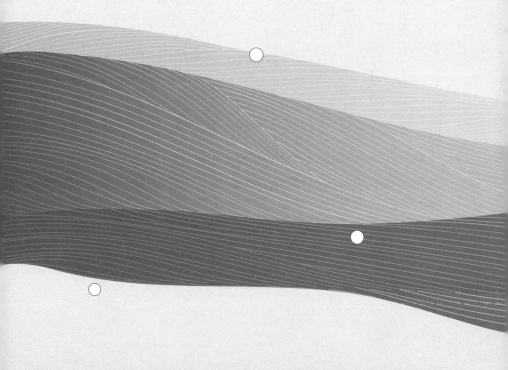

有熊的森林才有靈魂

黑熊媽媽黃美秀

她一次又一次，向佛祖，向山神許願，「只要我還在學界，我一定，一定要讓台灣黑熊從瀕危物種降成保育類，拿掉瀕危的緊箍咒。」

南安小熊什麼時候可以野放？我們先問起南安小熊的近況。

「熊會找人，找 right person，」在屏科大野生動物保育研究所辦公室，高瘦，光著腳丫，頭髮短到不能再短的黃美秀老師說。

因為很重要，她又認真說了一遍：「熊會找人，找對的人。」

她說的是有人包遊覽車去打卡的南安小熊，大雪山區那隻犬齒斷裂又化膿的母熊，以

黃美秀／提供

及兩年前臥倒在拉庫拉庫溪溪床，魂已歸天的熊。

也許不科學，但多次的偶合讓黃美秀相信熊會找對的人。

去年七月發現南安小熊落單那天，她正好在當地帶野外動物研究安全訓練，第一時間就看到被安置在橘色塑膠桶內的小熊。

隔三個月，屏科大動保所在大雪山區架設陷阱進行捕捉繫放，一隻牙齒受傷的母熊兩度進入陷阱，團隊發現牠因牙疾惡化幾乎無法進食，恐危及性命，才有之後的救援、治療再野放行動。

而發現黑熊曝屍溪床的南安部落頭目賴金德，起初以為是山豬，把兒子賴志節叫過來確認，當過黃美秀早期黑熊研究助理的賴志節感覺不太對，奔回家拿望遠鏡，「美秀美秀，有隻熊死掉了。」他立馬打電話通報。

黃美秀一九九八年進入玉山國家公園東境大分山區調查台灣黑熊，為博論蒐集資料，三年間她捕捉繫放十五隻黑熊，其中八隻有斷掌或斷趾，「就像一個黑盒子被打開了。」二〇〇一年她回到明尼蘇達大學寫博士論文，二〇〇三年回台任教，至今接觸過的野外三十三隻黑熊中，以拉庫拉庫溪這一隻最慘，斷掌又斷趾，「不要再叫我黑熊媽媽，我不配，」痛到她向天嘶喊。

被豬吊緊緊套住的人生

原住民朋友都叫她「黑熊媽媽」。

一切都是天意嗎？是台灣黑熊透過「right person」發聲，揭開牠們的血淚史？

黃美秀吸了一口氣，很長很長，然後叫助理把從山上帶下來、會讓黑熊斷掌斷趾的獸鋏陷阱山豬吊拿給我們看。

就算有穿越時空的衛星定位系統，黃美秀無論如何也追測不到，山豬吊緊緊套住了她的人生。

我們以為她從小就立志當科學家，守護大自然，結果故事完全不是這一套，「小學時候，我滿腦子想的就是賺錢。」

在嘉義水上的家，黃美秀的阿爸是醬油零售商，阿母受雇做農事，每天天沒亮就出門，出門前已攢好四個小孩的便當和早餐。學前的小女兒黃美秀老是黏著阿母，她腦中永遠有一個畫面，黃昏，頭戴斗笠的阿母在田裡砍甘蔗，她就躺在旁邊的一塊碗豆田，一手握著甘蔗啃，一手拉著風箏線，有火車嘟嘟嘟經過了，她小猴子一般的騰跳起來，跑去追火車。

那就是她的童年，野生野長，自由自在。上學以後，發現阿母不識字，這件事讓她自卑，每當阿母到學校她就躲起來。為了對這個家有貢獻，沒人強迫，下課後黃美秀最常拎著茄芷袋巡田，撿沒人要的地瓜、荸薺、花生、番茄、玉米……如果是雨天，最後一堂課她更坐不住了，一心想著等下要去撿蝸牛，那是可以賣不少錢的。

有件事黃美秀將來一定會寫進回憶錄：那天是周末，沒跟家人說，她透早就跑去辣椒醬工廠，坐在一群老人中間面對著一座辣椒山，飛快摘掉辣椒蒂頭，一天下來採了四大布袋。下工了，路燈已亮起，她興奮的衝回家，發麻的手指捏著要給阿母，工作一整天賺來的三十五元，但沒想到一進門，就被阿母帶去罰跪，她跪在地上哭得委屈，不知犯了什麼天條。

很久以後黃美秀才明白，這個勤奮的女人是如何的偉大，如何的教育她，影響她，以及如何的擔心她。

撿蝸牛、採荔枝、剝蠶豆和蓮子殼、挽梔子花、糊鞭炮、撿鐵釘鐵罐，黃美秀細數她為賺錢做過的「童工」。

國中以後黃美秀就不那麼「嗜錢如命」了，兩個姊姊都考上嘉義師專，她必須走同一條路，沒得選擇，「可是我竟然沒有考上師專。」她用力拍了一下大腿。

每一關都在考驗決心

她只好去讀嘉義女中，目標轉移到師大美術系，不過經過自我評估，雖然得過全國漫畫比賽第五名，但她沒去畫室學畫，也不敢跟家人開口說要學畫，術科鐵定不過，退而求其次，生物是她最愛的學科，就決定讀師大生物系，「然後，可惡！我又沒有考上師大生物系。」運命啊，她又拍了一下大腿，更加用力。

她的成績可以上台大植物系，但這個家「不鼓勵花錢讀書」，一點也不在乎台大，所以黃美秀「含著眼淚，扛著棉被」，抱著要轉生物系的決心去念師大家政系。

師大第一年她就參加登山社，如魚得水，第二年轉系成功。抵達師大生物系之前，她就像玩闖關遊戲，每一關都有大魔王阻擋，畢業後黃美秀進了台大研究所研究食蟹獴，「因為我師大落榜，」接著去台東教書履行公費生義務，其實她沒有不喜歡教國中，她的課很受歡迎，「因為我很帥，又會耍寶，學生都叫我俠女老師，」但比起成就學生，比起穩定和安逸，「我更想成就自己，自我實現，做一個我想做的人。」

她想做什麼樣的人？怎樣的工作，才是人生的職志？

黃美秀當時並不清楚，她只有一種想像，想像她的未來，在東南亞某個偏鄉，辦公室呢就在山裡，不必和太多人類打交道，清早在森林的鳥鳴聲中醒來，夜晚坐看滿天星斗。她要自在自在，愛去哪座山就去哪座山，尋找人間淨土。怎樣的工作能夠成就這樣的想像？她列出的選項有挑夫、巡山員、野外攝影師，還有專家學者。考量各種情況後，決定考公費留考，拜在大師級人物門下，「當然，我又沒有考上，那年只錄取一名，我是第二名。」但老天為她開了另一扇窗，她申請到中國商銀一筆一百萬獎學金，於是從台東打電話回家報告：「阿爸，我欲辭頭路了，去美國讀冊，讀博士。」「查某囡仔讀那麼多冊衝啥？咱兜攏無人出國過，有啥乜代誌，要家己負責。」阿爸在電話那一頭說。沒人擋得住她。

飛到美國明尼蘇達大學生物保育所，難題又來了，有兩位老師肯收她，一位老師治學較鬆散，放牛吃草，她可以自由做自己想做的研究，另一位老師嚴謹，一板一眼，但只做熊，「嗄，誰想做熊啊？」黃美秀拔高了聲音。

但是，人生就是這個但是，個性頂真又強硬的黃美秀和熊老師賈瑟利斯（Dave Garshelis）頻率接近，她反覆考量，終究還是選擇「買指導教授送台灣黑熊」，因為如果放牛吃草，「那我留在台灣讀博士不就好了？」

只因為那個已住進心裡的黑盒子

如果黃美秀沒有選擇熊老師，台灣學界就沒有一九九八年到二〇〇〇年，中央山脈最深處的台灣黑熊捕捉繫放研究，黑盒子也不會被打開，那是刻骨銘心的三年，在許多貴人的協助下，特別是玉山國家公園布農族人保育巡查員，尤其是林淵源，黑熊小組必須每人負重至少三十公斤，走三、四天才到達美其名為研究站的破工寮。在山上，黃美秀被細腰蜂螫、蛀牙蛀到神經、與強颱對峙、被落石擊中而滑落，她曾在雨中嚎啕大哭，每一個漫漫長夜，當她一字一字寫下工作紀錄配上心情筆記，不只一次自問「這工作的意義何在？」

如今回頭看，黃美秀感謝曾經有那樣的經歷，更感恩團隊能全身而退，拿到博士學位，她一度打算到阿拉斯加研究棕熊，工作和機票都有了，之所以急轉回台，全因為那個已住進心裡的黑盒子：「我是一個科學家，我打開了一個黑盒子，而那黑盒子是如此的不堪。我可以把黑盒子蓋上，假裝沒這回事，假裝黑熊沒斷掌，但發現問題而不去解決問題，這不符合一個科學家的職業倫理，這是不對的，是不對的。」

黑熊的處境依然無比艱困。過往三十年來，台灣的保育推廣研究經費一年僅有兩百萬，黑熊地處深山，研究人員保險費更高，連遺囑都必須先寫好，二〇一〇年黃美秀成立台灣黑熊保育協會，就是希望凝聚各界力量，用實際行動來幫助黑熊，「每一個人都可以用自己的方式支持保育。」

面對大眾，她希望傳遞「正知正解」。熊會攻擊人？「沒這種事，野外的熊是不喜歡人，會迴避人的，以為熊要攻擊人，是人誤解了熊。」看到熊要裝死？「錯！安靜退開就好了。」面對原住民，她鄭重聲明「我喜歡原住民文化」，也尊重原住民不為販賣，靠自己的力量獲取獵物以補充蛋白質，兼顧資源永續是傳統生態智慧的重要精神。但如果要講傳統，她想問的是，山豬大鐵鋏和粗鋼索吊子是傳統嗎？老祖宗獵熊嗎？她訪問過的耆老告訴她，獵熊是族人的禁忌，獵到熊的人會倒大楣，不許回家。

讓社會大眾認識台灣黑熊的契機

南安小熊事件是一個讓社會大眾認識台灣黑熊的契機。小熊現在安置在特生中心，由黑熊保育協會向大眾集資，募款也募野果，並聘請三位助理進行野放訓練，體重從發現時的五公斤增加到三十五公斤，頭好壯壯，協會前天才到發現小熊地點鄰近的卓溪鄉南安和中正部落宣導，一切都為了讓「我們的小熊」健康而安全的回到屬於牠的森林，牠的家，「台灣是個有熊國，有熊的森林才有靈魂，而人類只不過是過客，黑熊已瀕臨絕種，如果台灣不再有熊，這樣的遺憾，將是台灣人必須扛起的共業。」

再也沒有回頭路了，二十年前黃美秀是台灣第一個長期致力於野外台灣黑熊研究的學者，二十年後她仍然是唯一一個，「很不幸，也很悲哀，」但已多出了一個「台灣黑熊保育協會。」她一次又一次，向佛祖，向山神許願，「只要我還在學界，我一定，一定要讓台灣黑熊從瀕危物種降成保育類，拿掉瀕危的緊箍咒。」

這不是一則「拯救台灣黑熊」的童話，黃美秀想成就的，依然是心中的那片淨土，一個安全、乾淨，生物共榮共生的山林，山林裡的熊沒有斷掌，沒有生物瀕臨滅絕。「那是我的故鄉應該有的山林。」黃美秀深深吸一口氣，沒有哭出來。

（原載於二〇一九年三月，《蘋果日報》蘋中人版）

後記：經過台灣黑熊協會九個月的照養，南安黑熊妹仔於二〇一九年四月底野放，回歸卓溪鄉山區，一個必須爬山三天才能抵達，食物豐足的地點，但兩個月後發現掛在身上的追蹤用頸圈掉落，無法再追蹤，所幸同年八月，自動相機捕捉到南安小熊從相機前奔跑而過的身影。

沒有消息就是好消息。黃美秀相信：「我們一定能守護牠」，「如果連牠都守護不了，面對浩瀚蓊鬱的山林，我們還能守護什麼？」

墓仔埔也敢去

石虎媽媽陳美汀

她握拳，只要有石虎蹤跡，就算深夜的墓仔埔也敢去，不過這並不是樂觀，只是她告訴自己，悲觀不能解決問題，「而且如果我放棄了，石虎怎麼辦呢？」

我以為她會很憤怒，陳美汀，人稱「石虎媽媽」。

當苗栗縣議員韓茂賢說：「石虎太多了才會跑到馬路上被車子撞。」我問陳美汀那當下她心情如何。以為她會大聲回嗆，而她只是口氣平淡地說：「他有他的立場吧，科學家不是這樣估算石虎數量的。」

韓茂賢「想像」石虎有一萬隻。科學家的估算，是四百到六百多隻。

一個多月後韓茂賢又揚言，乾脆把清點石虎用的幾百萬發給環保團體、動保團體，讓他們閉嘴，不要阻擋苗栗發大財的路。

我又以為這次陳美汀鐵定氣瘋，但她竟然反問：「那是什麼？我根本沒看新聞，不知道這回事。」

她沒有時間理會人世間的利益糾葛。

靠近苗栗市車站的台灣石虎保育協會在一棟舊公寓的二樓，寒傖簡陋，毫無裝潢，勉強支養四位正職人員，理事長陳美汀不常出現在辦公室，大部分時間她都在樣區執行調查計畫，或者獨自伴著小石虎，進行野放之前的訓練。我們約定訪問的這天，她已感冒咳嗽許久，為保護被虎頭蜂攻擊過而受損的腎臟，連我隨身帶去的喉糖都不吃。

被虎頭蜂螫了一百多針

那是一九九九年的事。當時陳美汀在美國德州農工分校讀農場與野生動物管理，因為碩士論文想做石虎，她回到台灣蒐集資料，「結果發現沒人做過研究，也不知道族群狀

陳美汀／提供

況，」只好先到屏科大擔任裴家騏老師的研究助理，執行淺山動物調查，伺機看有無機會遇到石虎，「不過我們在屏東山區架設的紅外線攝影機從來沒有拍到過石虎。」

那天她和學弟在茂林山區調查，繞近路走一條之前沒走過的溪床，心想也許會有新發現，沒想到闖入虎頭蜂警戒區，她跑得比學弟慢，眼鏡又在跑的時候摔落，就這樣在躲進小水潭之前，被螫了一百多針。

她被送到高雄長庚，又轉至台中榮總，神智不清的在加護病房度過二十多天，幸運遇到毒物科的洪東榮醫師，耐心為她換血、洗腎，一點一點排掉體內毒素。

陳美汀後來才知道，在她之前，醫生救治的虎頭蜂叮咬病例，最高紀錄是被扎五十多針，所以她能活下來是奇蹟，醫院的臨床教學案例。

走過生死交界，家人免不了問：「妳還要繼續嗎？」

陳美汀點頭。人生在世，死亡永遠如此靠近，她相信老天把她留下來，「一定是還有我必須完成的任務。」

那個任務，就是石虎。

為什麼是石虎？如果只能給一個簡單的答案，陳美汀會說「因為貓」，「沒有貓我會瘋掉。」

她在台南長大，父親從事保險業，母親是家庭主婦，哥哥姊姊與她年紀相差一截，童年最溫馨的記憶就是和貓玩。貓陪伴陳美汀長大，融化她的孤單，一直到現在，無論搬到哪裡，陳美汀都會帶著宛如家人的四隻貓。

石虎是唯一選擇

貓在陳美汀人生版圖中占據了重要位置，以致後來她雖然讀成大歷史系，畢業後卻基於「想為貓科動物做一點事」的動機，到台北市立動物園擔任動物照護員兩年。她志在野生動物保育，但動物園在這一塊貢獻度低微，與幾位老師商量的結果，決定到美國讀研究所，並以貓科動物為研究對象，而台灣貓科動物只有雲豹和石虎，雲豹幾乎已經宣告滅絕，石虎是唯一選擇。

她不知道自己將成為台灣第一個投入石虎研究的人，更慘的是天蒼蒼地茫茫根本不知石虎身在何處，碩論當然做不成石虎，一直到二〇〇四年，林務局開始關注石虎，陳美汀為了能申請到計畫，只能去考屏科大博士班，並移居苗栗，「所以我是為了石虎才去讀博士。」

石虎的分布資料也是到那時才陸續出爐，主要集中在苗栗、新竹、南投淺山地區，約莫一百年前，鹿野忠雄《台灣產哺乳類の分布及習性》如此描述石虎：「台灣全島並不稀少，主要分布於低海拔山區。」一百年不到，石虎分布已經限縮到以苗栗為主的淺山地區，「為什麼？因為這裡開發最慢。」這個答案同時也意味著「這裡正在拚命的、加速的開發。」

二〇〇七年是陳美汀情緒盪到谷底的一年，她經常接收到通報，石虎不是被毒死就是中捕獸鋏，接觸到的都是冰冷屍體，以無線電追蹤的個體，短則幾個月，多則一年，便就失去了訊號，發報器可能在某個長草區被撿到，「妳很清楚發生了什麼事，牠們死了，多半因為人類。」

不同於科班出身的科學家，陳美汀「從來沒有把自己設定成單純的研究人員」，而是「帶著感情做論文」，她可以不顧科學研究的規則，私底下為每一隻追蹤的個體取名字，感情摺疊進了名字裡，阿福、阿樹、阿耿、阿嬤……當石虎一隻一隻的消失，「我難過、憤怒，負面情緒不斷堆疊，挫折到無法承受經常想要放棄。」

如果我放棄了，石虎怎麼辦呢？

經歷過一次又一次的震撼教育，她終究熬了過來，「我的承受力越來越強，」她握拳，只要有石虎蹤跡，就算深夜的墓仔埔也敢去，「也許是個性幫助了我，我是天生那種，事情過去就算了，還是要往正面看，繼續向前走，」不過這並不是樂觀，「我其實是悲觀的人，只是會告訴自己，悲觀不能解決問題，勇敢面對問題才能解決問題，而且如果我放棄了，石虎怎麼辦呢？」

二〇〇八年石虎被列為第一級瀕臨絕種保育類野生動物，陳美汀知道石虎不能等待，這也是她取得博士學位後，不選擇進入研究單位的理由，「投入研究計畫後妳會發現，光是研究是不夠的，妳知道某個地區有石虎，了解牠們的食性，可能有的疾病，但這些如果不能轉換成在地住民對石虎觀念的改變，一點用都沒有。」

石虎的棲地不同於台灣黑熊，牠們是關係著淺山生態系健全與否的物種，黑熊生活在深山，即使如此都要面對山豬吊的威脅，更何況石虎是與步步進逼，與之競爭土地的人類為鄰？

也還不只是棲地的重疊與破碎而已，而是棲地變成了道路、工廠、廟宇、殯葬區、露營地、加蓋了水泥的河川……。

為此陳美汀必須學習與人溝通，面對媒體，逼迫自己隱藏或改變不愛與人說話的本性。

小石虎的漸進式野放訓練也不同於黑熊，通常都是陳美汀一個人，帶著小石虎到選定的野放地點，蓋一簡單籠舍，每天傍晚帶出去認識環境，讓牠知曉哪裡有獵物，剛開始小石虎很害怕，緊緊跟隨替代母親的她，慢慢熟悉環境後，才會單獨跑出去，四處探索，野性逐漸顯露出來。

那像是一個陳美汀必須守住的秘密，她與石虎之間的約定。有一次當小石虎外出狩獵，而她佇在那裡等待牠回返時，她忽然想，石虎、山羌、野兔，牠們的一天到底都在做些什麼？消耗了哪些資源？

「其實也沒有做什麼，就是為了活下去和繁衍而已，牠們不會儲存，一隻石虎一天可能只需要抓到三隻老鼠，消耗的資源真的非常，非常的少。」

當親眼看到小石虎在野外活動的狀況，陳美汀生出一種體悟：「我發現我們和小石虎其實是一樣的。」人類曾經與石虎一樣，生於蠻荒，如假包換的野生動物，但演化至今，疏離自然，主宰地球，摧毀無數物種，「人類變得太強大了，我們不只想要活下去，還要活得更美好，吃得更精細，不肯犧牲一點點的利益，放棄一點點的方便，全然忘記我們只是萬物的一部分，一個物種而已。」

「拯救台灣石虎爺」募資計畫

開發案及其帶來的殺戮還在進行，看不到曙光，更看不到盡頭。

人們最常聽聞石虎死於路殺，根據特生中心的統計，二〇一一年到二〇一八年，平均每年有八隻石虎死於路殺，而屏科大團隊的研究發現，苗栗山區至少有五百戶雞舍，為阻止石虎獵捕雞，雞農會以各種方式捕捉，每年因雞舍衝突而死的石虎估計有二十到五十隻，這也是石虎保育協會與《窩抱報》於去年底發起「拯救台灣石虎爺」募資計畫的背景。

從友善耕作的「石虎米」到全球首創，ＡＩ監測防路殺的「石虎紅綠燈」，陳美汀肯定公路總局和林務局為保育石虎所做的努力，台中社大講師吳金樹甚至集資，在苗栗買下兩塊不開發不利用地點不公開的廢耕地以保護石虎，而募資活動則熱烈到兩個月半就「五〇六％」達標，募得用於改建一百間雞舍的七百五十萬，「沒有理由只要求養雞戶保護石虎而我們什麼都不做。」從台灣黑熊到石虎，台灣社會對瀕危動物的危機意識與責任感一點一點被召喚出來，但是來得及嗎？

來得及嗎？多年來也一直在進行石虎基礎調查的動物學者姜博仁曾經大膽推測，如果任由情況繼續惡化，二十、三十年後台灣將看不到石虎，石虎就是第二個雲豹，陳美汀一樣悲觀，「當一個地區的族群整個消失，就算棲地回復，但沒有個體補進去，也是徒然。」如果滅絕是註定的，石虎保育協會棲地保育專員陳祺忠認為，保育團體正在做的事，就是撐住，做一些事去阻擋，盡力保住現在所看到的族群，「然後撐到人口結構逆轉，產業結構也開始調整的那一天。」

這有點帶著復仇者聯盟況味的故事，陳美汀點頭同意，當阻擋的力量抵擋得住石虎數量減少的速度，滅絕的時鐘就可以延緩，人類的罪惡也可以少一點。

那是她賭上一生的戰鬥。

（原載於二〇一九年六月，《蘋果日報》蘋中人版）

後記：二〇二二年，一到七月，僅僅七個月，就發生十二起石虎路殺案。而根據「石虎保育大使阿虎加油」的紀錄，同年三到六月，就有七隻小石虎被通報送至野生動物急救站，是近年來救傷數量最高的一年，這還只是幸運被發現的案例。棲地喪失與破碎化，路殺、雞舍衝突和野犬攻擊，日日夜夜，分分秒秒，都在威脅石虎的性命，保育人員就算拚盡全力，也只能阻擋下一點點，救回少數個體，其力不足以挽回狂瀾。

「二〇二二年台灣石虎棲地與族群保育研討會」中則提出一個數字：石虎在百年內滅絕的機率高達九四．七％。失去雲豹的台灣，終有一天，也將會失去石虎，除了動物園……。

● 石虎小檔案

貓科，似虎斑貓，體型也相差不大，主要特徵是有兩條白色條紋從眼睛延伸到額頭，耳背有黑色斑紋，身體花紋為斑點狀。

獨自活動，有領域性，只有繁殖季時會各自去尋找配對，小石虎由母石虎哺育並教導獵食。

以野鼠野兔為主要食物來源，純肉食，有強烈野性，不易親近人，雖然很萌，但絕對不適合當寵物飼養。

獵人從良記

把陸蟹當家人的古清芳

如果獵殺灰面鵟鷹是谷清芳的前世，調查與守護陸蟹就是他的今生。我問古清芳，陸蟹對他來說是什麼？「是重要的家人。」他說，這個答案溫暖到讓人想哭。

屏東恆春，滿州鄉港口村港口橋。

十月中旬，國慶鳥灰面鵟鷹過境期，前後約莫十天，數量可以高達二十七萬隻，穿著拖鞋的男人夾雜在賞鷹人潮中，自在淡定彷彿這裡就是他家客廳，而我的興奮與慌亂在男人看來想必很可笑，決定出手拯救，「來，帶妳去一個視野更好的點，」我跟隨他穿行滿布樹枝與爛泥的溪邊小徑，邊走他邊告訴我灰面鵟鷹的事。

我問了他的名字，古時候的古，張清芳的清芳。

「你研究灰面鵟鷹嗎？」我問。

「我以前是獵人啊，獵殺過五千隻灰面鵟鷹。」他好像在說逛街買菜那樣一件再平常不過的事。

而我忽然走不動到像被點中穴道。

「不過現在已經從良，在保護陸蟹。」穴道瞬間又被解開了。

於是我開他玩笑說，本來該下十八層地獄的，現在已經上升到十七層了。

當時我還不知道他是墾丁國家公園保育志工，港口社區生態旅遊的王牌解說員，二〇一八年陸蟹研究專家李政璋發表的樹棲性陸蟹新種「古氏擬相手蟹」以他的姓氏命名。一年三百六十五天他有三百天在調查並守護陸蟹，也曾經跟著螃蟹博士劉烘昌到聖誕島考察聖誕島紅地蟹和椰子蟹，一去就蹲點兩個月。

一個月後我又來到港口村，吹著十一月的落山風，白天聽古清芳講訴他的前世與今生，日落後跟著他去夜觀陸蟹。

打獵是掙脫不開的命運

「野生動物保育法」尚未誕生的年代，如果你是一個在滿州鄉落地的男人，有一半以上的機率，打獵就是你掙脫不開的命運。在這個恆春半島落山風最強勁，唯低矮作物能夠存活的窮鄉僻讓，老天爺每年秋天送來數十萬隻過境的伯勞鳥、赤腹鷹、灰面鵟鷹……古清芳的阿公打，阿伯阿叔打，隔壁的大哥打，他阿爸跑遠洋漁船，兩年才回家一次，如果剛好遇到過境期，也會去打。

赤腹鷹因為缺少經濟和食用價值逃過一劫，灰面鵟鷹則是獵人的最愛，價錢從一隻五百節節高升到破千而且從來不怕沒有市場，鷲鷹肉煮菜豆仔乾是滿洲鄉人的食補湯品，懷念的「家鄉味」。

小學六年級古清芳就開始學習用彈弓或竹槍打獵，置放鳥仔踏，立志成為一個好獵人。如何成為一個好獵人呢？「你必須熟悉獵徑加上了解獵物的習性，當你是一個獵人，看到稜果榕被咬碎，那一定是松鼠，就不要在這裡浪費陷阱抓白鼻心。」他野生野長，身手矯捷頭腦聰敏，整個滿州的山、溪流與海都是他的獵場，釣珊瑚礁魚，也潛水抓龍蝦，一小時抓一桶，賣三百二十元，剛好抵註冊費，「總之，從小老鼠到梅花鹿，從小麻雀到大冠鷲，一年四季，我無所不獵。」

台北的小孩比學校比分數，滿州囝仔拚獵技與獵物，古清芳分析當時的心理，不一定為了吃或賺錢，而是一種成就感，證明自己的方式。

「沒有罪惡感嗎？」

「怎麼可能？我是獵人耶，打越多越爽！」

獵捕技術不斷進化，古清芳記得很清楚，他的第一把空氣槍是高一時到台南關廟買的，二千八百元，退伍後開始使用一萬八的改造瓦斯槍，獵人多半兩人或三人一組，在前半夜進入鵟鷹夜棲地，燈一照牠們彷彿就被石化，用紅外線瞄準，打一隻中一隻，「南路鷹，一萬死九千」之說就是這樣來的。古清芳的最高紀錄，一夜打六十三隻，平均來算，一個獵鷹季可以進帳十萬，這對謀生不易的滿洲人是一筆巨大的財富，三十歲前古清芳曾「北漂」到板橋的成衣廠工作，每年十月必請假返鄉，說探望父母其實是回家打鷹。

打獵打到被廣播

一九八九年野保法上路，古清芳照樣打鷹，警察永遠抓不到他，「不是警察笨，是我太厲害了啦，摸黑都能進出獵場裡的每一條羊腸小徑。」「羊腸小徑」不太屬於獵人的用詞，但古清芳信手捻來，他當兵時寫過五百封情書給現在的妻子張淑容，「想當年啊，字漂亮文筆又好。」

不但文筆好，他根本就自帶說書人的能力。

有一次被警察追到就地藏起獵具，跳進港口溪游到對岸逃逸，還有一回，正在專心打獵之際，村長的廣播傳遍港口村：「清芳啊，××啊，毋通搧 phah 嘍，警察來包圍嘍打獵打到被廣播，打到保七第八大隊副大隊長指名道姓抓人，無論如何古清芳也想不到他將來會有一個讀中央警察大學的兒子。

……。」

改變是怎樣開始的呢？

張淑容是基督徒，當然反對丈夫打獵，夜夜禱告，祈求神的帶領，還曾經偷藏獵槍。後來兩個女兒上學了，學校宣導保育伯勞、灰面鵟鷹，而港口村都知道某某同學的老爸是部落裡很大尾的獵人，「所以女兒在學校被排斥，回家後叫我不要再打了……。」

其實每一晚他出去打獵，一家大小都不敢睡，害怕接到電話說古某被抓了快來辦交保，正是各種傷害到家人的壓力，古清芳體重從來沒能超過六十公斤，嘴巴喊爽，大腦也被欺騙了，但一種彷彿被千根細針扎著的不安，像隱形的蔓藤爬滿身體。

他開始察覺需要釋放壓力與不安，鼓起勇氣踏出的第一步，就是參與「護鷹計畫」。報名墾丁國家公園管理處「護鷹計畫」志工，先要面試，聽完古清芳陳述，墾管處下了一個結論：「噢，你不只是獵人，而是很惡劣的獵人。」但放下屠刀從來不晚，古清芳開始受訓，第一堂課就被蔡乙榮老師的猛禽課震撼到。

為什麼？「打鷹仔二三十年，只知道鷹仔分大號小號（成鳥和幼鳥），從來不知道牠們叫做灰面鵟鷹。」獵人的驕傲瞬間被摧毀。

在墾管處，他遇到一群術有專攻的熱血解說員，特別是謝桂禎，也就是自然生態作家杜虹，某種程度，謝桂禎就像上帝派來感化他的天使，但「從良」第一年，古清芳望著滿天鵟鷹，一種獵人遇到獵物的興奮依然燃燒全身，他分裂成兩個自己，一個他對環境生態知識，對保育滿腹熱情，一個他還留戀獵人那種會讓腎上腺素大爆發的生活，天人交戰之際，只好打電話給謝桂禎，「拜託晚上請我吃飯喝咖啡，不然我ㄟ凍未條……。」他必須離開獵場才能澆熄心內的那把火。

調查與守護陸蟹就是他的今生

屠刀放下了，古清芳還得了一個榮譽志工獎，但掙扎、矛盾仍然如影隨形，他不想出賣獵人朋友，只能拜託他們到別的部落打，或者有機會就勸導人不買不吃，「但好像也不能改變什麼，很心虛。」一直到二〇〇八年，民享環境生態調查公司到港口村做生態調查，村長問谷清芳能不能帶一批研究生到迷你谷調查螃蟹，「我一聽興趣就上來了。」

各種螃蟹他也是從小看到大，知其分布與習性而不知其名，正港的「鄉野實務派」，就這樣他成了民享的基本生態調查員，配備一台GPS做物種記錄，言必稱「我的螃蟹老師螃蟹博士劉烘昌」，三年後當港口社區要發展生態旅遊，訓練解說員，他已經和各種陸蟹混得很熟了，「我人不必在現場，只要你告訴我發現的地點，大概描述外觀，我就可以告訴你是哪一種蟹。」以他的姓氏命名的「古氏擬相手蟹」就是李政璋發現後，古清芳協助做了三年的調查，因此得名。

而為了理解會換殼的寄居蟹的移動範圍，他和妻子在兩萬顆募集來的鳳螺、珠螺、蠑螺上一顆一顆寫上「古大」，丟在他設立的「寄居蟹的家」，後來在五百公尺外發現。

如果獵殺灰面鵟鷹是谷清芳的前世，調查與守護陸蟹就是他的今生。

全台灣陸蟹種類最多的地方就在恆春半島，最新的紀錄是五十五種，還有九種新種即將在國際期刊發表。台二十六線香蕉灣海岸林、滿州港口溪、保力溪都是熱點，逛墾丁大街的遊客絕對不會知道，因為看不見，也許也不會感覺到心痛，但二十年來，和食蛇龜的命運一樣，陸蟹已經消失百分之八十以上，因為如此，墾管處和公路局每年才要「幫螃蟹過馬路」，古清芳從不缺席，去做「自工」而非志工，連基本車馬費都不領的。

一隻抱卵的陸蟹得通過多少關卡才能抵達海裡釋幼（釋放幼苗），然後平安回到陸地呢？古清芳說明，首先牠們要爬過馬路，因為到海洋之路已經被開發成四線大道，如果沒有被車壓死，到達海岸林，這裡會有黃瘋蟻瘋狂攻擊，若幸運躲過，礁岩在望，在此又可能被白紋方蟹、蝦虎、鰻魚吃掉，有幸通過所有關卡，釋放的幼苗，絕大部分都成了海洋生物的食物，能夠在海中漂流一個月，經過四階段蛻變，劫後餘生回到陸地的幼蟹，只有千萬分之一，千萬分之二。

不要忘了海洋的環境還在不斷惡化。

修練成王牌解說員

我問古清芳，陸蟹對他來說是什麼？「是重要的家人。」他說，這個答案溫暖到讓人想哭。為保護家人，十一年來，他從因為學歷低而自卑，「連自我介紹都不敢」的獵人，一步一步修練成王牌解說員、橫掃屏東各級學校的演講人，是專家學者的在地合作夥伴，一起發現新種陸蟹，一起抵擋沒有必要的公共工程。一樁工程就毀滅一個生態，港口久光橋水泥工程竣工後，經過每星期一次，為期七個月總共三十次的調查，數量加起來等於以前一個晚上可以看到的量，古清芳正在憂心，在浮水橋發現的九種新種，「會不會在期刊都還沒登出來之前就消失了？」

很快樂也很感傷。過得心安理得，終於養胖十公斤，陸蟹知識與日俱增，交到許多朋友，灰面鵟鷹如今看在眼裡美麗非凡，古清芳因此而快樂；感傷，自是陸蟹的命運，劉烘昌曾自我解嘲，現在的研究動力，就是把台灣陸蟹走向滅絕的經驗提供給世人作為警惕，古清芳理解老師的心情，就帶著這樣的心情，每天日落之後，他走進陸蟹熱區，默默地告訴牠們，我會一直在這裡。

（原載於二〇一九年十二月，《蘋果日報》蘋中人版）

她的愛情、水雉與菱角

為愛守護水雉的李文珍

每一次她被擊倒又再度站起來，不僅僅是因為愛一個人，而是她有一顆對環境認真負責的心，但如果老天讓她挑選，她只有一個願望：「我希望我們家的大柱子榮炫還在。」

夏天的官田水雉生態教育園區是全台灣最熱情如火的棲地。

七月十五以後，水雉進入繁殖高峰期，地盤爭奪大戰底定，大約有一百對新人在這裡交配下蛋，以七月三十一日這天來說，便有四隻水雉寶寶在一個上午接續破殼而出，不過這其實是一個多災多難的夏天，有四顆蛋在一分鐘內被臭青公吞掉，而某拍鳥人為了畫面好看偷偷潛入教學池割草，受到干擾的結果，四顆未孵化的蛋和四隻一個月大的雛鳥，一夕之間消失。

風陣陣吹過，一圈圈水紋滑向遠方，園區主任李文珍透過單筒望遠鏡收攏池中的小宇宙，好想把訊息傳達到天上某個地方，讓翁榮炫知道這一切。

是命運也是選擇

翁榮炫離開李文珍，整整四年，思念還是像大浪一樣不時猛烈撲來。每天她從台南市區開車到官田的水雉生態教育園區，走進狹小混亂如同爆炸過的辦公室時。每當她打開蒸得熱呼呼的便當。每當她和農夫阿伯站在田邊拉咧。每當菱角收成。特別是每當時序入冬，飛到園區外覓食的水雉可能因為誤食農藥而中毒那時候。四年來都是這樣，李文珍一邊思念著翁榮炫，胸口又熱又痛，一邊努力和夥伴們把十五公頃的園區打造成在冬天可以留住水雉的庇護所，願望著人、土地和水雉一起美麗，共同繁榮，「這是我的命運，是命運給了我這樣的選擇。」她笑起來露出一口白牙，黑到發亮的臉上有一種不怕風吹日晒雨淋的氣魄。

愛上翁榮炫是李文珍的選擇，接手經營水雉園區，繼續丈夫未完成的路，則是她的命運。

那年台灣都還沒廢省，台中高護畢業，在馬偕醫院加護病房待過兩年的李文珍正在準備高普考，期間她找到一份台中自然科學博館的工作，「然後發現到我是一個熱愛動植物，熱愛解說的人。」有一天她K完書走出台中圖書館，撿到一隻落巢的小雨燕，立刻送到台灣省野鳥協會救治，協會總幹事正好是李文珍妹妹的同學，問她要不要來看鳥，就這樣她培養出新的興趣，候鳥春秋過境期間都跟隨老師到大肚溪口練鳥功，同時也風聞鳥界有一號人物，人稱「鳥神」的東海大學生物系學生翁榮炫。

「鳥神，看鳥看得很神經的意思啦。」後來翁榮炫都這樣解釋。

一邊看鳥，一邊戀愛

放榜後，李文珍分發到澎湖七美衛生所，工作之外的時間，她都花在出門找鳥，看海邊生物，讀林間植物，有時候撿到鳥屍，會先冰冰箱，再送給科博館解剖或製成標本。鳥會朋友知道這件事，便熱心介紹李文珍認識一個有同樣癖好的人，正是她風聞已久的翁榮炫。

兩人認識後，最初也沒擦出什麼火花，李文珍的夢想是到美國讀書，但在台中務農的家人極力反對，講說女孩子讀那麼多書要衝啥，後來她還是去了印第安那州，兩年後錢花光光，只好回來，帶著一份美國野鳥月曆要送給翁榮炫當作他曾經送她小鷺鷥照片的回禮，這一次就正式戀愛了，翁榮炫帶著她躲在下營火燒珠的菱角田拍水雉，當時台灣水雉僅剩五十隻，幾近滅絕。

「榮炫拍鳥是有步驟的，」李文珍講解：「他一定先觀察一星期，確定這個位置可以拍到後，就去放一頂偽帳，放了也不是馬上躲進去，還要等一星期，讓鳥適應環境的改變，最後再三更半夜偷偷摸摸進去等。」

她的任務是送便當。

兩人一邊看鳥一邊戀愛，九二一大地震來襲，大災難往往讓躊躇於婚姻前的人下定同生共死的決心，他們結婚了，為省錢就先和義竹的公婆同住，李文珍轉到濕地保護聯盟工作，發現懷孕就在家裡待產，當時任職台南市野鳥學會，開始參與水雉復育的翁榮炫是一個認真穩靠的男人，她以為這種幸福快樂可以一直下去。

水雉移地復育則因緣於一條鐵路。

一九九〇年，高速鐵路工程局籌備處成立，規劃路線經過水雉重要冬棲地葫蘆埤，環評的結果，通過「應完成十五公頃棲地租用事宜後，該路段始得動工」，移地復育區就選在台糖官田農場，由政府、高鐵和鳥會系統三方共同負責，工程始於二〇〇〇年一月，翁榮炫帶著懷孕的李文珍「參觀」時，她看到的是一片甘蔗園，一個貨櫃屋，兩座臨時廁所。

那一年女兒出生，翁榮炫許下心願：「希望我剛出生的女兒，長大以後，仍然能夠在台灣的土地上與水雉邂逅。」

一起建構水雉園區

許多年後到水雉園區遊覽、拍照或志工訓練的人，都以為這裡原本就是一塊水雉棲息的濕地，無法想像其實是根據水雉習性分隔而成的幾個淺池，是工作人員穿著青蛙裝一寸一寸的整理，種植下即使在冬天水雉也可以吃到飽的多樣性植物，沒有一絲一毫的渾然天成，如果放任不管，半年不到就會陸化，「我們只能盡最大的努力，但永遠不知道大自然要給我們什麼，一夜的大雨，就會帶走三十一隻小水雉……。」

李文珍的生涯路跟著翁榮炫前進，譬如他先去念了高師大環境教育研究所，之後便把已經回到衛生所工作的老婆也賣了，連根拔起，丟到高師大當研究助理，接著變成環教所學妹，兩人以水雉園區為核心，一起建構「如何營運一個自然教育中心」的理論與實務。

他們的家還變成了傷鳥收容所，在小小的浴室營造出小生態，曾經住過二十隻掛網獲救的紅領瓣足鷸。

但李文珍不知道翁榮炫正一步一步走向生命的終點。二〇一四年五月，就在一次全家人快樂賞花過後，翁榮炫倒下去，檢查結果脊椎布滿應該是從肺腺轉移的癌細胞，身為護理師，李文珍完全無法接受，一個整天浸泡在大自然，連去個花博都無法忍受的人怎麼會得如此凶狠的病？

後來她終於明白，農藥。台灣一直是農藥用量名列前茅的國家，最近更成為世界第一。回到二〇〇九年，翁榮炫開始擔任水雉園區調查員，二〇一一年接任主任，來到園區上課的孩子都喊他「大野狼」，李文珍則是義務幫忙的志工。因為園區水雉數量逐漸增加，自然擴散到園區外稻米與菱角輪種的水田，每年十二月到一月，一期稻作播種期間，遂成為水雉農藥中毒的高峰，光二〇一〇和二〇一一兩年園區就去收了一百三十六隻水雉的屍，「於是他做了一件很傻的事，就是看到哪一塊田有水雉中毒，就跑去顧，顧到三更半夜，阻止水雉進入這塊田，又自己拿著鋤頭把農藥蓋起來，蓋完後，再出錢請農民翻耕⋯⋯。」李文珍後來翻讀翁榮炫的紀錄，才發現讓丈夫夜半不歸的「小三」是誰。

突如其來的死亡風暴

農藥只要一蒸發，人體就會透過皮膚吸收，吸進最多農藥的人就是翁榮炫自己。

那時李文珍不敢在丈夫面前哭，有一天她意識到自己壓抑到就要爆掉，跑到柳營一棵大樹下大哭，剛好一個阿伯經過，過來問原因，安慰她，兩個人講起了農藥，「我這塊田要打十次的農藥，打不夠，米還是會出現黑粒。」阿伯指著前方一片稻田：「但如果是自己吃，就打九次。」

而二〇一四那年元旦，李文珍還陪著翁榮炫在田裡趕鳥，不讓鳥下來，然後五月病倒，七月十七日，不過四十八歲的他就走了，前後五十一天。

死亡的風暴下，她讀著丈夫留下的鳥調紀錄，一本一本的筆記本，想著這人到底留下了什麼？人都走了這些還有意義嗎？「但慢慢的，我發現受他影響的人、事，也開始回饋給我，特別是在水雉保育上的努力，我想這是他留給大家的，水雉的美與珍貴……。」

李文珍原來想遠離傷心地，「媽媽，你還是接下爸爸的事吧，如果不接下來，爸爸過去的努力不就白費了？」是女兒的一番話，加上鳥會朋友的支持，讓她下定決心接續園區的工作，那是翁榮炫走後兩個月後。

一場需要拚命的戰爭

披上戰袍，這是一場需要拚命的戰爭，守護水雉，也是守護台灣的土地和台灣人的健康，但李文珍丟掉翁榮炫的笨方法，她用自己的方式，到農藥行蹲點，和農夫阿伯聊天交心，舉辦「到農夫家旅行」活動，與慈心有機農業發展基金會、友善大地有機聯盟連結，在臉書上搖旗吶喊叫賣獲得綠保標章認證的農產品，「只有肯定農民的價值，一起解決問題，友善耕作才能一直走下去。」

但是李文珍也很坦白，除非遇到原來就有相同理念，不怕虧錢，也不怕福壽螺吃掉半塊田的人，「我根本沒有成功說服過一個農民。」

農民拒絕友善耕作，但是珍古德來了。

國際生態保育學者珍古德親自來到園區，並且把台灣水雉移地復育的故事帶到全世界，即使如此，園區還是時不時要挨打，有人看一眼就說經營的沒有以前好，根本看不到水雉。有人認為大可不必跑去管園區外的事。有人批評園區對拍鳥人不友善。當工作人員下池整理棲地，或修理木棧道，就會聽到風涼話：「找這麼多人來摸草修路，一定是在消化預算。」很多時候，李文珍要面對的是閒閒吹風看不到他人辛苦付出的局外人，每一次她被擊倒又再度站起來，不僅僅是因為愛一個人，於是繼承了他的遺志，而是她有一顆對環境認真負責的心，想要活出不後悔的人生，但如果老天讓她挑選，她只有一個願望：「我希望我們家的大柱子榮炫還在。」

（原載於二〇一八年八月《蘋果日報》蘋中人版）

後記：水雉的數量，二〇一六年首度破千，二〇二一年的全省統計是兩千兩百五十二隻，八〇．二%分布於官田。水雉族群穩定成長，惟主要棲息地菱角田逐漸消失，環境的變遷，令主事者憂心。

● 關於水雉和菱角

水雉長了一對長腳趾，以及一身隨著季節變化的羽色，飛行時優雅如仙，人稱凌波仙子，是台灣最美的水鳥。因為長腳趾，一定要棲息在䒳實的浮葉植物上，在台灣就是菱角田。菱角葉長得非常䒳實，水雉可以在上面下蛋，孵出的雛鳥行走其上，不致掉進水裡。

母鳥下蛋後由公鳥坐巢，小鳥誕生後也是由爸爸守護，媽媽則去找新的交配對象。

水雉一度在台灣瀕臨絕種，復育十八年至今，二〇一八年八月的調查，主要棲地大台南共計九百一十隻，官田區占七八％，每年繁殖數量據估有五百隻，族群逐漸擴散到高雄、屏東、嘉義，宜蘭也出現繁殖紀錄。

夢想，一條寂靜山徑

自然聲音的匯集者范欽慧

每一個各自孤獨走在與聲音相關領域的人，因為她而串連起來，乃至產下「台灣聲景協會」這個新生兒，從一個人到一個團隊，「我自己都不知道人生會走到這一步。」

正常的情況，一個人如果選了一條人跡罕至，甚至無人走過的路，遠離主流與功利的大道，都得要不時回答以下各種致敬式的疑問——很辛苦嗎？寂寞嗎？怎麼撐過來的？是什麼力量支持著你？有沒有後悔過？

范欽慧坐在我對面吃著兩點鐘的午餐，其實原來也想問她這些題的，但根本來不及啊，她三兩下從書包裡掏出一本每隔幾頁就夾一張標籤貼紙的《法布爾昆蟲記》，吞下一口麵立刻講起狩獵蜂如何蓋房子，如何精準的麻醉獵物，還有法布爾（Jean-Henri Casimir Fabre）如何從五十歲寫到八十歲……彷彿她就是法布爾的研究助理，臉上因為講得太興奮而閃閃發光。

五十歲是個重點，看起來不到四十歲的范欽慧今年就要過五十歲生日，人生走到這裡，閱歷豐厚了，知識也埋得夠深，她知道自己正在一步一步靠近法布爾的心靈。

正是為了向現代昆蟲學與動物行為先驅法布爾致敬，三月起范欽慧的廣播節目「自然筆記」策劃了系列專題，邀請昆蟲學家「陪你一起讀法布爾」。《昆蟲記》有十冊，這表示主持人得要熟讀十冊書，「呵呵呵，所以說誰的獲益最大？」她笑得像中了樂透。「我，當然是我啦！」

政大新聞系畢業的范欽慧有一個人類學與博物學的靈魂。十七年前她離開《天下雜誌》，向教育電台遞出「自然筆記」的案子，選擇成為獨立製作人，「其實也就是選擇我想成為的人。」她想成為什麼？她想要做一個和大自然有關的廣播節目，但節目也只是手段，真正的目的是要到野外，去靠近並記錄她想聽見的聲音，這就是節目的核心，記錄來自大自然的聲音，「用聽覺來素描大自然。」

從賞鳥到追尋聲音

為什麼是聲音？如果要說出一個起點，便是賞鳥。范欽慧在美國念廣播電視電影碩士時開始賞鳥。大自然於她從來就有無窮無盡的吸引力，但並沒有特別鍾情於鳥，可那一天，美國的朋友帶她到森林看 blue jay（冠藍鴉），聆聽到牠的鳴叫後，「也不明白是怎樣，那隻鳥一下子就打中我，內心裡彷彿有一個東西被開啟了，我開始覺察，開始追尋聲音，存在的空間感完全不同了

范欽慧／提供

……。」像是一種命運的牽引，或說靈魂的覺醒，范欽慧變成了不一樣人，但也可以換另一種說法，她與真正的自己相遇了。回到台灣後她繼續賞鳥，進一步拿起指向性麥克風錄鳥音，最狂熱的階段，經常五點不到就在烏來或關渡等鳥起床，每錄到一種聲音，就趕快用望遠鏡找出聲音的主角，到八點九點，人類開始活動了，才回家補眠。

一開始范欽慧把錄音想得太簡單，以為比她所熟悉的剪接更容易掌控，沒想到那是完全不同的媒材，「要用聲音很細緻的去說一個故事時，對聲音的細節掌握是不一樣的。」

不過她不怕學習，「一定有一種力量帶著我走。」范欽慧說。

狂熱、用功，每做一集節目就增加一點功力，范欽慧頭也不回的走著，漫長又彷彿忽而過的十七年，她有了婚姻，有了兩個女兒，工程師的丈夫是經濟支柱，也是穩定的力量，女兒要不就跟著媽媽到野地錄音，要不看著媽媽認真工作的身影。「聲音」帶領她踏上不可思議的驚奇之旅，台灣第一張大自然音樂《森林狂想曲》推出時，她在植物園主持戶外音樂會；她為公視出征到菲律賓拍攝黑潮的紀錄片。她接受林務局委託，按月分到各國家森林遊樂區錄音；曾經跟著「世通一六八號」出海看海洋工程學者如何把一台水下錄音機放在將設置離岸風電場的海床上。她還到義大利西西里島採訪海底生物聲學研討會；到日本拜訪大庭照代、大谷英兒博士和鳥越惠子教授，他們都是日本生物聲學界的重量級人物。最近的一次，她首度在國家演奏廳為一場台灣自然聲景結合本土民族音樂的演奏會擔任導聆。

連結孤獨走在聲音領域的人

「為什麼喜歡聆聽大自然聲音？」中興大學昆蟲系教授楊正澤問過范欽慧，她這樣回答：「為了重新發現自己，重新發現跟這塊土地的連結。」

但那些聲音越來越微弱，正在被人類消滅，范欽慧焦慮的想，不只記錄，她還必須做一點什麼。

至今范欽慧還沒有見過聲音生態學家戈登漢普頓（Gordon Hempton.），戈登成為她聲音旅程的關鍵人物。

透過《一平方英寸的寂靜》（*One Square Inch of Silence*）一書，戈登倡議「寂靜」。對「寂靜」戈登有兩種看法，一種寂靜是內在的，是尊敬生命的感覺，屬於靈魂的層次；一種是外在的，是我們置身於安靜的自然環境時，沒有任何現代噪音入侵時的感受。而後者，寧靜的傾聽大自然的聲音，盡情詮釋它們的意義，這一人類與生俱有的權利，在石虎失去棲地，飛鳥失去森林的同時，我們已經不再擁有。

戈登遂以一顆石頭為儀式，宣誓守護寂靜，搶救寂靜。

所以這根本是一本寫給范欽慧的書，她讀完後內心澎拜，立刻寫信給戈登，兩人開始書信往返，然後范欽慧寄了一顆秀姑巒溪的卵石讓戈登置放在美國奧林匹克國家公園霍河雨林，正是她在台灣「搶救寂靜」行動的許願石。

從來范欽慧只知道埋頭錄音、採訪、做廣播，也理所當然成為生態節目的編劇，再延伸到書寫，譬如以親子旅行為策略談生態、體驗以及生命實踐的《跟著節氣去旅行》。但是隨著旅程的累積，偶然與必然的，她連結了頻率相同的人，昆蟲學家、動物學者、海洋工程學家、林務局巡山員、耳科學醫生、音樂家、歷史學者……每一個各自孤獨走在與聲音相關領域的人，因為她而串連起來，乃至產下「台灣聲景協會」這個新生兒，從一個人到一個團隊，「我自己都不知道人生會走到這一步。」

學習聆聽寂靜

自然的寂靜裡處處是聲音的風景，但「聲音教育」在台灣是可怕的空白，太多人在大自然裡嘻笑喧嘩，太少人認真傾聽，沒有人知道那裡面蘊藏著溫柔又堅定的力量，以及療癒的密碼，「台灣聲景協會」許願開拓這一片荒野，邀請社會大眾學習聆聽。

她還寫下十萬字的《搶救寂靜》，是台灣第一本探討聲音的自然書寫，一個野地錄音師的探索之旅。

有一天范欽慧和女兒一起看《樂高玩電影》，講一個平凡的蠢蛋如何變成英雄，她若有所悟的大笑，覺得自己就是那個蠢蛋，因為夠天真，因為相信自己的夢想，相信透過聲音能改變世界，才能傻傻的一路走來，走到把錢，把人，都捐出去了，「一面辛苦著，一面幸福著。」

有一天，一定有一天，范欽慧相信將會看到太平山翠峰湖環湖步道，步道中的奧陶紀苔原，成為台灣的第一條「寂靜山徑」，來到這裡的人都會放低聲音說話，甚至不說話，把「聆聽」當作應有的修為。

在那個台灣最寂靜的所在，她想，我們將會知曉自然的奧秘，也重新發現自己。

（原載於二〇一五年六月八日，非常木蘭）

後記：十年磨一路。終於，范欽慧的夢想成真，二〇二二年七月十八日，世界聆聽日這一天，世界非營利組織國際寧靜公園授證給太平山翠峰湖環山步道，全球第一條「寧靜步道」（Quiet Trail）於焉誕生。

在沒有人為干擾下，太平山翠峰湖環山步道二．二k到三．七k這一段，測得最靜音量不到二十五分貝。

范欽慧說她一直忍住不哭，卻無法抑制內心滿滿的感動。她認為，這條路意義非凡，代表著這個世代人類的選擇，「寧靜」並不是沉默，而是深刻關懷土地所採取的反思及行動。

把星星找回來

拚出一座暗空公園的劉志安

星空不只是難死人的天文物理，它更是創造旅遊奇蹟的資產。對劉志安來說，就算是盯著星空發呆，什麼也不做，這也很好，問題是，看不到星空的人並不知道他們需要一片星空。

對我而言，夜晚似乎總比白天更生動，更多采多姿。

——梵谷

今年七月底，合歡山暗空公園通過國際暗空協會（ＩＤＡ）認證，成為台灣第一座，亞洲第三座暗空公園那天，劉志安的心情一時比白晝還燦亮，一時又比黑夜更漆黑。他先是感動，感動躍升為興奮，興奮沸騰之際，又思及光害汙染嚴重，「光害防治法」尚在

劉志安／提供

外太空漂浮，瞬間反轉為緊張，全身每一個毛孔都被壓力灌入，「後面還有更多的事情要做，真正的挑戰才要開始！」他倒吸一口氣。

二〇一二年劉志安創立「台灣星空守護聯盟」臉書社團，二〇一四年動心起念，孵育一個把合歡山推向暗空公園的大夢，沒人逼他去做這種愚公移山的苦事，天文同好之外，全然不知支持系統在何方，更加無法預測民宿業者以及地方政府的態度，然而就是一個願景，唐三藏要赴西天取經，他無論如何都想為台灣人拚出一座暗空公園，使之成為指標，作為可依循的典範。

為什麼選合歡山？「因為合歡山的星況是最棒的，」劉志安虔誠描述如同傳教士：「在三千公尺的高海拔地區，到了夜晚，雲會沉降下來，沉降的雲遮蔽掉平地的光害，山脊露出，靜靜的伏在整座星空下……。」

合歡山還有一項優勢，因為位屬生態敏感區，從翠峰到大禹嶺約二十二公里，公路總局皆未設置路燈，一直都是追星族膜拜的黑，最深邃的暗空。

追星族想必都會同意，沒有星空守護聯盟就沒有合歡山暗空公園，依恃著對於天文迷的刻板印象，採訪前我以為劉志安是天文相關學者或業者，結果他是今年四月才從 K-Swiss 提早退休的業務副理。高中畢業就出社會，當兵回來即娶某生子，一個學歷不高但認真勤懇的台灣男人，身形面容都與《俗女養成記》的陳嘉玲爸爸陳晉文有幾分像。

但定義劉志安的不是業務員，而是星空。

「梅西爾魔人」的戰鬥力

他在基隆出生長大，從小就莫名的愛看星星，基隆多雨，但三、四十年前沒有路燈沒有光害，只要天氣好，打開家門就可以看見星星。

星空攝影師陳立群的回憶也一樣，他在台北大安區長大，三十年前，爬上頂樓，用一副老爸給的望遠鏡就可以看到哈雷彗星。哈雷彗星是有名的短周期彗星，每隔七十五至七十六年就能以裸眼直接看到，上一次回歸在一九八六年，那一年地球上誕生了無數的天文迷。

高中後劉志安開始上圖書館找書自學，學習如何用裸眼辨認星空，也想辦法動手磨鏡片，「天空是一個球體，分布著星座區塊，慢慢看，看久了，很多用肉眼就能找到它們，辨識它們。」但他並沒有如願考上大學讀天文，自己磨的鏡片也無法拋光，一些材料市面上買不到，工序則必須到光學廠學習，於是趁著當兵之前毛遂自薦到樹林的天文望遠鏡代工廠國民光學擔任技工一年餘，退伍後為著生活從事各種業務，賣過汽車賣過電視遊樂器，還一腳跨進婚紗攝影，做了丈夫與父親，也終於存到錢買到人生中的第一副天文望遠鏡。

漫長的業務生涯和柴米油鹽並沒有吞噬掉劉志安的興趣，也許應該發明一種儀器測量他對於觀星的狂熱，以及因為狂熱而練就的一身望遠鏡操控技術與蒐尋深空天體能力。二〇〇六年台灣首度引入梅西爾馬拉松賽，與賽者必須在當天黃昏日落至隔天晨光乍現前，不使用自動導入裝置，蒐尋十八世紀法國天文學家梅西爾終其一生所記錄到的一百一十個星系、星雲和星團，這也是當今天文迷觀測深空天體的入門表單。那年起劉志安每一屆都參加，拚天文知識和觀星經驗，拚一夜不睡的體力毅力，當然也要老天賞臉給一個無雲的夜空，努力到第八年，二〇一三年他終於在合歡山武嶺挑戰成功，成為全亞洲第一位完賽者，二〇一五年再度在雲南麗江高美古江天文觀測站達標，也是唯一完賽者，從此受封「人體GOTO」（望遠鏡自動導航程式）、「梅西爾魔人」，尋星英雄歸來，寶貝女兒在臉書上呼喊：「有這樣的老爸我也是醉了。」

「台灣星空守護聯盟」誕生

劉志安沒有醉，他必須保持戰鬥力，挑戰無所不在的光害，「光害問題一直被忽視，光害除了阻礙天文研究和觀星，也浪費能源，影響農作物的生長和候鳥遷徙，我們沒有直接感覺，卻深受其害。」

「台灣星空守護聯盟」的誕生，就是因為二〇一二年底天文同好發現合歡山觀星聖地鳶峰停車場竟然長出高亮度LED電子看板，「所以我們需要一個能與南投縣政府對話的組織。」劉志安說。幾番抗議，縣政府最後同意裝置開關，讓觀星族可以關掉電子看板，「但我們要的不是這樣，我們希望民眾和政府要有光害防治的觀念，該設路燈的地方當然要設，但燈光必須往下照，暗空不暗地，如果理由是安全考量，是不是可以麻煩公路局把道路鋪平一點，使用反光標線導引車輛……。」

都沒有用。二〇一六年公路總局又在合歡山架設三支路燈，「就像一把刀插進心臟」，劉志安把照片po上守護聯盟，輿情嘩然，這次抗議層級上升到立法院，最後逼使有關單位把燈拆掉。

日本岡山縣井原市美星町給了劉志安很大的啟示。

一九八〇年代日本開始推展一鄉一特色，地方創生，美星町既無特色農產品，亦無名湯溫泉，「唉呀除了滿天星星之外我們這裡什麼也沒有。」有位居民嘆息，這一嘆嘆出了美星町住民自訂光害防治公約，含括室外燈具的設計，室內則裝置遮蔽物阻絕光源洩漏到外，一路努力到成為「星空的故鄉」。

遠一點的，則是紐西蘭南島特卡波（Tekapo）小鎮星空保護區，它緣起研究機構要在特卡波湖邊的約翰山上蓋一座國家級天文台，求請居民控制燈光，結果順風順水，二〇〇九年成為地球上第一個聯合國教科文組織認定的「國際黑暗天空保護區」，小鎮居民不過三、四百人，而全球星迷絡繹不絕。

所以星空不只是難死人的天文物理，它更是創造旅遊奇蹟的資產，但要台灣民眾和官方體認這一點，劉志安認定，就必須做一件足以驚動媒體的大事，這件大事，就是向IDA遞出暗空公園申請書。

展開改善光害遊說的第一步

二〇一四年星空守護聯盟終於接觸到由民宿業者組成的清境觀光協會，展開改善光害遊說的第一步。清境星空和合歡山早已是台灣、香港、新加坡觀星族的「夜店」，特定的幾家民宿如觀星園、那魯灣就專門接待觀星客，曾有香港客人在看到滿天星斗後流下眼淚。劉志安認為，「被一片星空療癒」這樣的感動應該不只屬於觀星族，也可以帶給來走步道賞景看綿羊的觀光客。

星空孕育了科學家、攝影家、文學家、藝術家、音樂家，當然還有外星人電影，我們從來不知道星空會帶給人怎樣的想像或啟發，但對劉志安來說，就算是盯著星空發呆，什麼也不做，這也很好，問題是，看不到星空的人並不知道他們需要一片星空。

民宿業者要的是更多客人留宿，劉志安告訴清境觀光協會，台灣有八到九成的人住在光害嚴重地區，「如果讓人知道這裡有美麗的星空，不要說國外，台灣兩千三百萬人，只要有一趴的人因此留住一晚，民宿的生意不就好起來了？」

他起而力行，第一步就是由星空守護聯盟與觀光協會合作規劃「清境一夏」，二〇一四年起連續三年，把觀星活動排進套裝行程，還把天文望遠鏡擺出來讓遊客一邊跨年一邊賞星空，反應比預期熱烈，南投縣觀光處於是從關心轉為堅定支持，期間有人建議縣政府往「教育園區」方向發展，這可把劉志安嚇壞了，「萬萬不可，」他說：「會賠錢的教育就交給科博館去做吧，我們推的是觀光，從觀光角度切入，創建觀星的場域，找一個理由讓遊客晚上不回家，增加在地業者實質的收益。」

暗空公園是推廣觀星觀光的極大化

暗空公園則是推廣觀星觀光的極大化。IDA的評選條件，並不是劃定一塊人煙罕至之地，命名為暗空公園，這太簡單了，其核心精神是「復原」，讓一個容易抵達，卻因為人為破壞而光害嚴重之地，經過一番努力有所改善，直至符合它所提出的條件。

二〇一八年底IDA來合歡山實地勘察，在此之前，整整一年，劉志安與天文界夥伴帶著星空品質測試儀SQM每月上合歡山，在設定的十二個點測量星空背景的亮度，最後由南投縣政府、太魯閣國家公園管理處、林務局東勢林管處、清境觀光協會、台灣星空守護聯盟共同簽署了一份「合歡山暗空公園管理公約」，這也是台灣第一份與光害防治有關，官民合議後所建立的公約。台十四甲線上，仁愛鄉所管轄的路燈都已加裝燈罩，接下來，民宿業者、清境國小、仁愛國中的學生都要學習基本天文課程，觀光處已把「仁愛鄉的孩子，小學畢業後就能夠簡單描述天上的星系」列為學習目標。而清境的一百二十八家民宿，IDA要求五年內，九〇%必須改善燈具，十年之後一〇〇%。

「我提早退休，不是因為很富有，而是因為心中有夢。」劉志安的夢，就是守護星空，光害歸零，把星星找回來，不只合歡山，還有大雪山、阿里山、塔塔加……讓下一個世代有星空可以仰望，天長地久，直到地球毀滅。

（原載於二〇一九年九月，《蘋果日報》蘋中人版）

● **深空天體**

常見於業餘天文學圈的名詞，泛指星團、星雲、星系，是太陽系天體（行星、彗星、小行星）和恆星之外，聚集在更外太空的天體，大多用肉眼不能視，但使用雙筒望遠鏡就能看到，為天文愛好者觀察的目標。

● **合歡山暗空公園**

從鳶峰前兩公里到小風口，核心區域全長十二公里，面積一千四百公頃，約四個台北市大。IDA將暗空公園等分為金、銀、銅三等級，合歡山屬金質與銀質之間的銀等級。

生命沒有不同

野生動物救傷醫師綦孟柔

「因為生命沒有不同，都值得去尊重」，綦孟柔依然樂觀，相信社會大眾終將會一步一步的，看見野生動物，並且了解牠們因為人類而面臨的處境，「沒有人可以是局外人」。

紀錄片《黑熊來了》中，最驚心動魄的一幕，是獸醫師綦孟柔發射麻醉槍，一槍麻了三番兩次來破壞陷阱的熊吉拉。

電影院中包括我在內的觀眾不約而同驚呼起來，為了黃美秀老師和熊吉拉，也為了綦孟柔。我聽見有人小小聲說：「挖靠，小龍女ㄟ，怎麼會有那麼美的獸醫師?!」

因為熊吉拉，更多人認識了綦孟柔。

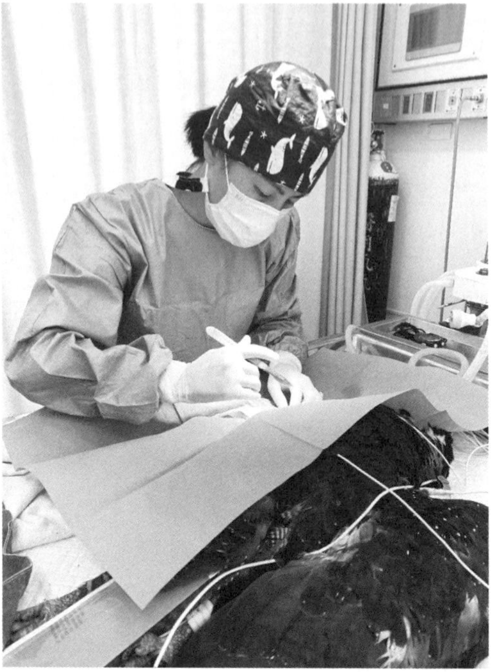

綦孟柔／提供

那是二〇一四年的事了，黃美秀的黑熊研究團隊再度進入大分山區設陷阱，這一次的隨隊獸醫是服務於屏科大野生動物收容中心的綦孟柔。上山前黃美秀問綦孟柔：「妳爬過山嗎？」她回說爬過柴山。「爬柴山不算爬山啦……。」黃美秀的哀號隨即傳來。

但就算沒爬過山，天生強韌的綦孟柔還是跟著團隊走了三天山路抵達大分，然後在山上工作十天，熊吉拉是她撤退前一天捕捉到的，之前九天都過著早睡早起巡陷阱，練習打靶，以及摘野生紅心芭樂來啃的日子。就是在大分，「我第一次看見完好無損的山羌，才知道健康的山羌那麼美麗……。」她驚嘆，彷彿窺見了一個天大的秘密。作為一名野生動物救傷醫師，綦孟柔受的訓練是凝視並解決傷痛，是被捕獸鋏夾到的穿山甲、窗殺的遊隼、被浪犬咬傷的山羌、遭車子輾壓的斑龜或石虎、中毒的老鷹等等，歪扭的臉，炸開的皮膚、殘破的肢體，當世人歌頌野生動物的美麗與強健，是山林的靈魂，救傷醫師則檢視躺在診療床上的動物，刻不容緩，並且必須立即評估：可以救嗎？救回來之後能夠野放嗎？還是要安樂死？

野生動物的傷都是因為人類

我問，也代替很多人問：為什麼要救？野生動物不是應該自然的來自然的去，人類不要干預嗎？

可是，大部分，幾乎是所有吧，綦孟柔用很低很輕的聲音回答，野生動物的傷都是因為人類，因為人類破壞環境所造成的，難道不是嗎？

她不帶情緒的講述著這一切，那種泰然的鎮定，致使我相信這當下如果有恐怖分子闖入，她都可以不慌不忙處理，化解危機。

老實說，我和她約的時間和地點有點尷尬，不在救傷現場而是在高雄一家音樂放得有點大聲的咖啡廳，這裡離她娘家很近，到婦產科也不遠，四周只有人類。她懷孕近九個月，農曆春節後即將生產，成為「雄性，小型靈長類」的飼育者。待育嬰假結束，她會離開服務五年的屏科大野生動物收容中心，把重點轉移到野灣野生動物保育協會和池上野生動物救傷復健中心，獸醫生涯即將邁向另一個階段。

但這同時也是一個整理過去與計畫未來，最好的時間點，從綦孟柔決定成為一名醫療野生動物的獸醫師開始。

她說一切都來自於迪士尼動畫《獅子王》的啟蒙。

是《獅子王》把守護野生動物的夢想放進了一個十歲小女孩心裡。小女孩從小就莫名的喜歡飼養各種動物，寄居蟹、白文鳥、鸚鵡……服務於國營事業的父親有天抱回一隻被棄養的貴賓狗，養了十年，因為年紀大需要醫療，綦孟柔有了與獸醫師的第一次接觸，她看著醫師診療動物，深深被吸引，愛的泡泡大量噴出，既可親近動物，又能救治牠們，「這工作簡直太帥了！」

從此「獸醫」就成了綦孟柔的第一志願，毫無懸念，但老天似乎還是要考驗她的決心，學測後她填寫志願，全部獸醫科系中插進了一個成大工業設計，沒想到就只錄取成大，讀了兩年，獸醫的鼓聲仍舊咚咚敲擊她的心，等不及畢業就去報名轉學考，這一次如願進了屏科大獸醫，除了第一次小暈血，學習過程「都沒有什麼障礙」，非但沒有障礙，學習慾望甚至強烈到飛去南非實習，學會了使用麻醉槍，也看見了真正的野生動物。

喜歡動物和救治動物是兩件事

野生動物在哪裡？對都市長大的孩子，動物大致等於陪伴動物的貓喵喵狗汪汪，認真一點的會注意到有街貓與浪狗，至於野生動物，牠們不是在電影、動物星球頻道，就是在動物園裡。電影和動物園擔負起教育社會大眾認識野生動物的責任，告訴大家牠們可愛、美麗、馴良或威猛，而且保證安全，多數人不知道台灣有自己本土的野生動物，而看不到就等於不存在，以致到動物收容中心實習的獸醫系學生看到穿山甲時會尖叫：「啊原來台灣有穿山甲。」復又誤以為大冠鷲的食物黃色小雞是猛禽的寶寶，諸如此類的例子綦孟柔隨便想就有一籮筐。

因為我好喜歡動物喔，所以選擇讀獸醫。她最害怕這種浪漫的聯想，「喜歡動物和救治動物是兩件事，獸醫的工作不美麗也不可愛，必須面對動物很悲慘，很殘破的模樣……。」面對之外，還得承擔與消化，「無法承擔的話，我們怎麼能夠去幫助牠們？不能消化的話，這個工作是做不下去的。」

樂觀的天性成為綦孟柔在動物醫療領域持續走下去的支撐。畢業後她先到動物醫院工作，這也是獸醫系畢業生的主流選擇，但犬貓醫生並不缺她一個，剛好六福村動物園在徵獸醫，她就順勢轉移戰場，獅子、老虎、犀牛、長頸鹿……累積了四年照護大型動物的經驗，最多的時候同時餵養十隻小獅子，還遇到一隻不會飼育犀牛寶寶的新手犀牛媽媽，只好接手照顧這位剛出生就有五十公斤的巨人嬰兒。

回到母校的屏科大野生動物收容中心服務後，綦孟柔跨進了一個與動物園動物全然不同的疆土。不包括貓犬，台灣每年的野生動物救傷案超過七千八百件，野生動物的救傷中心，則有台北動物園、南投特有生物研究保育中心、中興大學獸醫院、成大海洋中心、屏東海生館與屏科大野生動物收容中心。屏科大目前收容了約一千五百隻無法野放的動物，最多的是二〇〇一年查緝的六千多隻食蛇龜，「牠們就是被當作貨物走私，從來不是生命。」因為來源未知無法野放，就由各個單位吸收認養至今；其次是三百多隻台灣獼猴，多是從失去親人的小猴開始照養，比較特別的則有紅毛猩猩、馬來熊、長臂猿……。

無以數計的動物無法回到自己的家，或者說，太多動物的家被人類破壞掉了，而野生動物的救傷以及保育經費，卻從兩億八千萬直落到如今的三千多至五千多萬不等，「也許因為這個領域是冷門中的冷門，邊緣中的邊緣？」

答案很簡單，人和經濟永遠比動物重要，更何況是看不到所以不存在的野生動物？

希望在東部成立野生動物救傷中心

捕獸鋏是收容中心最常見到的傷害，經常到幾乎成了日常，失去腳掌的熊鷹再也無法捕捉獵物，而沒有了前爪的穿山甲如何再挖洞穴呢？救傷、醫治、復健，最後訓練和野放，讓鳥能飛翔，白鼻心可以爬樹，穿山甲會挖洞以及找到蟻洞，對野生動物醫生來說，這是最有成就感的時刻，但對大多數踏進捕獸鋏的野生動物，命運不是長期圈養便是安樂死，「我一直不明白，法律不是已經禁止捕獸鋏了嗎？從淺山到深山，為什麼還有那麼多捕獸鋏？」

即使是質疑與控訴，綦孟柔也是不挾怨不帶怒氣，也許聲嘶力竭不等於熱情，她的熱情是不外顯的，像一把冷冷的火；不是言語，而是行動。

東部沒有野生動物救傷中心，一直到二〇一六年，綦孟柔才意識到這件事的重要性。那天一早她接到台東的通報，山羌被浪犬咬傷，有意識，還會掙扎，但沒有人力和車送到屏東救治，而她必須等到下班才能離開。下班後綦孟柔和飼育員飛車至台東接到山羌再飛車回屏東，午夜十二點，人累癱，山羌也不再掙扎，只能安樂死。

來不及救援後送的山羌，靈魂化為一縷輕煙，撒下了野灣的種子，綦孟柔與另一位獸醫師江宜倫，還有六位野生動物工作者，全部是女性，「因為生命沒有不同，都值得去尊重」，她們共同成立野灣野生動物保育協會，兩年來辦了三十多場宣導講座，目標是在東部成立一家野生動物救傷中心，二〇一九年底終於展開募款，並承租位於池上的台糖牧野度假村一棟一百五十坪的閒置空間，今年的第一期目標是兩百五十萬元，款項將用在聘任專職獸醫師、購置醫療設備、救傷中心建物整建以及醫療耗材與動物食飼，距離達標雖然還有一大段的距離，但綦孟柔依然樂觀，相信社會大眾終將會一步一步的，看見野生動物，並且了解牠們因為人類而面臨的處境，「沒有人可以是局外人」。

她淺淺的笑著，眼睛看向有光的所在，美麗的臉上找不到憂慮的陰影。

（原載於二〇二〇年二月，《蘋果日報》蘋中人版）

後記：在全民支持與贊助下，花東第一座非營利動物醫院，野灣救傷中心，在二〇二〇年八月正式啟用。兩年多以來，野灣的動物醫生和保育員訓練台灣野兔重返山林，與屏科大鳥類生態研究室合作魚鷹野放追蹤計畫，用半年時間治療一隻過境期間落難的穴鳥；照養廣原小熊Mulas，從野放訓練到野放再到完成野放追蹤並取回頸圈；搶救被台東體育館強迫搬家的小雨燕，還有落網的遊隼、黑眉錦蛇、自撞的鵂鶹、黏鼠板上的雨傘節，曾經在半個月之內遇到三隻被浪犬圍攻的穿山甲、傷到慘不忍睹的山羌，也是被浪犬攻擊……野灣呼籲，浪犬數目有增無減，對野生動物造成巨大衝擊，有關單位必須正視，提出解決之道。

為著水鳥來種田

田董米林哲安

林哲安最大的願望，是國家劃設不能開發的農地，「為什麼不能開發？因為你的地有不可取代的生態價值，是寶地，國家必須給擁有地的農民相對的保障。」

冬天，典型的宜蘭壞天氣，灰的天灰的水灰的草，所有的顏色都被抹去。

採訪林哲安前我們約好一起吃午餐，他堅持不要一人獨唱，希望工作夥伴同台演出，所以連同攝影，我們一桌七人，餐廳外的冬雨已經盤纏數日，餐廳內林哲安和他的夥伴共歡快吃喝，彷彿自備太陽，你會以為他開的是一家歡樂無限公司。

二〇一四年創辦「田董米」以來，自稱「腦闆」的現在林哲安擁有一支堪稱「有史以

田董米團隊（林哲安／提供）

來」陣容最堅強的團隊，賣米天團：剛剛滿二十八歲的林哲安本人，二十六歲的張家昀和周雅淇，還有二十三歲的洪啟哲。

師大衛教系退休老師蘇富美陪我們一起採訪，她是「田董米」一百七十位「穀東」之一，挑米十分嚴格。

有錢人和你想的不一樣，新世代有時候也和大家想的不一樣。

宜蘭大學森林暨自然資源學系畢業的洪啟哲，二〇一七年開始和林哲安種一甲地，他也是去年宜蘭溪口黑嘴端燕鷗的發現者，「噢我就是單純的喜歡看群鳥，從一大群鳥當中找出一兩隻不一樣的，譬如黑腹濱鷸中混了彎嘴濱鷸。」

沒有看鳥的人很難理解那種驚喜。

發現「神話之鳥」黑嘴端鳳頭燕鷗出現在蘭陽溪口，改寫紀錄的那一天，洪啟哲說他就像平常一樣把摩托車停在河口，拿著類單慢慢靠過去數鳳頭燕鷗，旁邊還有幾門大砲，沒有人會去注意一個拿類單的人，沒有人想到這個安靜的少年竟然是看鳥界的武林高手。

田間工作之餘，洪啟哲的人生大事不是去找稀有鳥，而是耐心認真的數鳥，那些數量上更具指標意義的鷸鴴科和鴨子，「哈哈哈就是這樣的人才會來我們田董米工作。」腦闆很開心。

不是「棄百萬年薪回鄉」的傳奇

張家昀畢業於台大生命科學系，擔任過生科系研究助理，她和護理系的周雅淇因為加入台大自然保育社而認識社長林哲安，現在她們負責行銷策劃、網路管理、倉庫管理和產品研發。不隨順主流的選擇總是讓家裡的長輩擔心，不知二十幾歲就去賣米到底能不能養活自己，前途是不是很黑暗，「必須花力氣去溝通。」周雅淇說。

擔心也不是沒有道理，張家昀離開了她的生科專業，周雅淇領的薪水是她在企業擔任健康管理師時的一半。種田則是洪啟哲的第一個工作。這個團隊並沒有「棄百萬年薪回鄉××」之類的傳奇。

但無論洪啟哲、張家昀或周雅淇，都沒有林哲安走得久，陷得深。十八年前，他十歲，爸媽第一次帶他去賞鳥就被一隻黑面琵鷺電到，黑面琵鷺改變的不只是他的「不再讀鋼琴班」，而是徹底扭轉了他的成長路徑，他的未來。

當然，宜蘭如果沒有變，意思是田裡沒有長出別墅，農藥越下越重還有人毒鳥，或許林哲安會繼續彈鋼琴，業餘賞鳥，也就不會有田董米，但問題就在「我經歷了宜蘭最美麗的年代，然後又承受家園崩壞的痛苦。」林哲安經歷過的那個美麗年代，是台北長大，大學才來到宜蘭的洪啟哲所不知曉的。

其實林哲安並不是宜蘭人，但在他還不會說話的小小時候，父母就搬到宜蘭，雙雙任教宜蘭大學，宜蘭給了林哲安最珍貴的童年回憶，「那時候的宜蘭根本是天堂。」他睜大眼睛彷彿穿越時空。「走出家門三分鐘，就可以到水稻田玩耍，水田裡滿滿的鳥，三四千隻金斑鴴、小水鴨、東方環頸鴴，距離超近的黑面琵鷺、豆雁。」他愛死了所有樸素的水鳥，鳥功升級到就算逆光，單純從形狀就可以辨識出誰是誰。

日子實在太幸福了，每天上學之前放學之後，林哲安都騎著腳踏車帶著爸爸買給他的施華洛世奇望遠鏡去看鳥，想不通宅在家裡打電動怎麼會比在田間看鳥更加有趣？更滿足？

想用雙手保護水鳥和風景

雪山隧道開通那年林哲安小六，台北宜蘭拉成一日生活圈，土地被炒起來，夢幻的假農舍也出現了，合法的房子一步一步，一坑一坑，蓋進塭底的水鳥核心區，對天真的林哲安來說，那裡不是誰家的土地，而是冬候鳥的家。「明明有很多大馬路邊的建地可蓋，你們幹嘛要去欺負黑面琵鷺？」他第一次明白什麼叫做憤怒，在被憤怒點燃的各種情緒，悲傷、崩潰、無助中流轉，然後從憤怒中迸出的一股絕地求生的力量，所以當他十八歲，離開宜蘭到台大讀森林系那一年，除了確定要讓自己從觀察者變成解說員，腦袋裡也長出了「重新營造棲地」的念頭，「水鳥和風景，那是我想用雙手去保護的東西。」

戀愛劇的台詞被林哲安乾坤挪移到他深愛的宜蘭，他的水鳥，聽起來比浪漫還要浪漫。

而老天爺則讓林哲安從台大畢業，到師大讀研究所那一年，因為經常往水鳥棲地，壯圍鄉最南邊的新南跑，結識了新南休閒農業區的主委官老爺，兩人擦出火花。

冬日的雨越下越大，大夥人吃飽喝足，移動到官老爺的休閒農場繼續聽宜蘭崩壞的故事，說人人到，官老爺本人也現身了。

官老爺的田在新南，而新南，因為太近海，會淹水，離高速公路有一段距離，又不好接水電，農舍到此止步，「用白話文說，就是它還有救。」林哲安歡呼。

官老爺是「田董米」的關鍵角色，他老早就有「減用農藥」的想法，可是怎麼辦咧？一來不知該怎麼做，二來會害怕，萬一收成銳減，吃穿都成問題，「所以我們就這樣被農藥束縛了，被掐死了，走不出來。」

一直到林哲安出現。雖然林哲安沒種過田，但書上有教，所有的數據都在農業改良場，最重要的是，這個少年郎目標明確：「我想透過種田這件事，來實踐棲地營造和鳥類保育。」

當然，如果超級有錢，就把土地通通買下來，留給鳥兒，這是林哲安的夢想，但夢想歸夢想，他只是窮學生，窮學生的辦法，就是說服有土地的農民「生態與農業結合」，不用農藥，化肥減半，他則「保價收購」，架網銷售。

「田董米」的誕生

但農民又在哪裡？「庄裡的人我都相處三、四十年了，哪些人什麼個性，比較聽得進去，我們卡有了解。」就這樣，官老爺出馬，第一個就是把阿農伯介紹給林哲安，二〇一四年第一階段計畫啟動，參與的是官老爺和阿農伯連綿二‧三甲的田，同時也舉辦活動，讓消費者認識水田、稻米與生態，「田董米」就此誕生。「田董」即「董～董～董～」叫的董雞，老一輩農民稱牠為「田董」，林哲安就是在官老爺的田裡觀察到這隻曾經穩定易見，後來因為環境受到迫害而變稀有的鳥。

二〇一七年三月是一個新的開始，合作的農地擴大到六甲，林哲安和洪啟哲用米糠當肥料，試種一甲田，阿農伯不相信，說「有機的比較有效啦，」結果揭曉，米糠的和有機的平分秋色。「那你明年要不要用米糠？」林哲安問阿農伯，阿農伯還是不放心，說要再觀察一年，主要是用米糠肥的田，頭三個星期「看起來要死要死的，」農民一看心就慌了。林哲安二〇一八年又試了一回，結果一樣，「這一次阿農伯就信了，很多農民也信了。」

一整年的工作是這樣的：二月三月開始插秧，六月七月收割，中間則要除草和施肥，收割完即刻烘稻穀，「我們不知道什麼時候收割，要看天候，可能是清晨，可能是半夜，必須隨時待命，一旦開始收割就必須馬不停蹄，不能停止，割完馬上烘，烘完一鍋接著一鍋，」所有田間工作都由兩個男生扛下，責任制，他們不想找幫手，「萬一來了一個暈倒的怎麼辦？」林哲安看過更多同年紀的人，嘴裡高喊愛農村愛土地，真正下田就軟趴趴了。

大多數人不知道稻米怎麼來的，米的食用量也逐年下降，這是林哲安最大的憂心。

之後的碾米、包裝、行銷和出貨，則是一整年都在進行，雖說周雅淇和張家昀負責行銷，但基本上還是四個人一起動腦筋，出點子。冬雨綿綿的休耕期，「我們還要做鳥調，調節水位，或者把田埂加寬，種植野薑花和白鶴靈芝，給鳥兒藏匿的空間。」棲地需要營造，有營造，這幾年被列為易危的丹氏濱鷸就穩定出現在水田，不久前團隊在田裡數濱鷸時，猛一抬頭，攝影人追逐的迷鳥卷羽鵜鶘正從頭上飛過。

國家劃設不能開發的農地

回到現實，六甲地的收成可以養活四個員工嗎？林哲安坦承，難，如果不接計畫，需要擴充到八甲才能打平，所以他到處演講，接農委會的案子，現在是林務局「國土生態綠網計畫」新南地區負責人，也研究米糠與鳥類數量之間的關係，二〇一九年一月活動已滿滿滿，包括受邀參加台北「永續年夜飯」活動擺攤。

好消息是，今年起田董米將增加到六甲三分甚至更多，而且是連續的稻田，但即便種到八甲——林哲安的終極夢想是二十甲，新南也不過是天邊一角，屏東、嘉義、台東和金門，現實世界不斷傳出毒鳥的消息，因此林哲安最大的願望，是國家劃設不能開發的農地，「為什麼不能開發？因為你的地有不可取代的生態價值，是寶地，國家必須給擁有地的農民相對的保障。」

石虎不能等，黑面琵鷺不能等，已經失去的再也回不來，「但我們要努力守護還安在的夥伴。」兩年前林哲安到鹿兒島出水旅行，那裡的休耕田是近兩萬頭白頭鶴、白枕鶴的度冬地，當地政府每天投食一．五公噸的大麥和小魚乾，並補償農民的損失。

那是他的理想之境。

就在林哲安的靈魂穿越到鹿兒島之際，下了一整天的雨竟然暫時停止，下午四點多，我們趕緊移動到阿農伯的田拍照，「我決定要增加員工旅遊的頻率。」腦闆哈哈大笑的宣布，不斷的耍白癡扮鬼臉，散播歡樂散播愛。

如果不這樣嘻笑，不去玩耍，我想，他一定會更加痛恨這個崩壞的世界。

（原載於二〇一九年二月，《蘋果日報》蘋中人版）

後記：截至二〇二二年，田董米團隊與新南地區農米合作九甲田區，並從二〇一九年起，向羅東林區管理處提出實驗型計畫，在每年四月最關鍵的水鳥過境期，放掉蘭陽溪口季新社區部分魚塭的水控制成泥灘地，為候鳥開餐廳，從初始的二．五六公頃擴張到二〇二二年八．三三公頃，每年招待國際自然保護聯盟列瀕危的大濱鷸，近危的紅腹濱鷸、紅胸濱鷸、彎嘴濱鷸。

● **董雞**

秧雞科，在台灣是夏候鳥，會發出像打鼓一樣「董～董～董」的求偶鳴唱，顧名。主要棲息在沼澤、稻田、長草荒地，以種子、嫩芽、水生昆蟲為主食，曾經是台灣常見候鳥，後因大量使用農藥加上棲地破壞，數量銳減，是拍鳥人追逐的稀有寶貝。

人類需要自然，自然不需要人類
我們終於願意必須面對並承認了
但自然如此複雜深奧難以測量
如同一本無字天書
我們需要有人從深林或海上歸來
需要用影像記錄的人
需要會說故事的人
需要翻譯者召喚更多的翻譯者
開疆闢土鋪橋築路
溫柔的伸出手說
來吧，請從這裡進門……

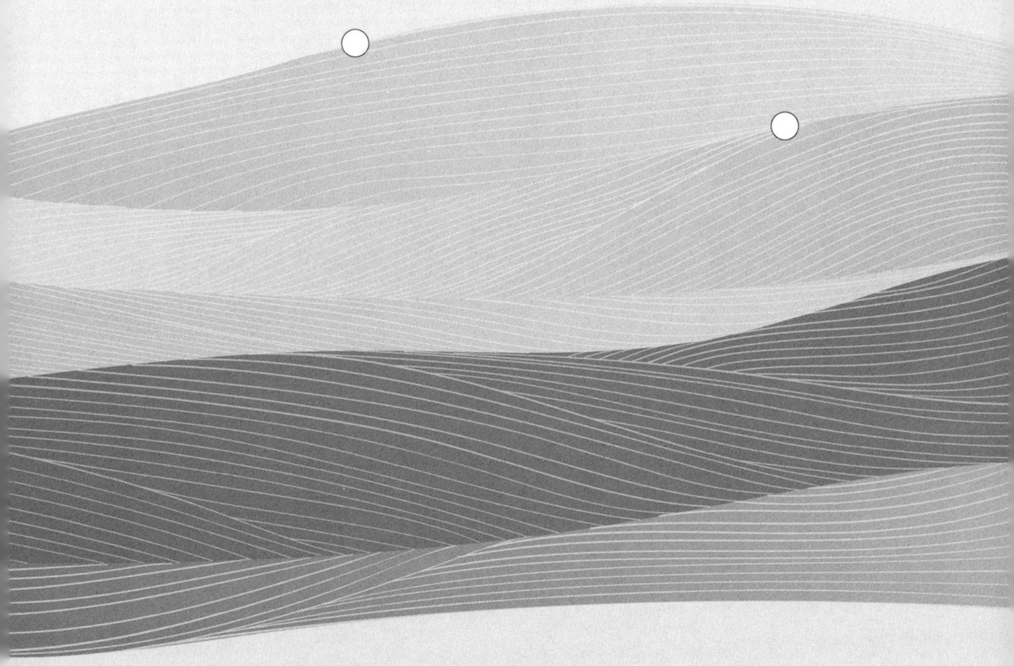

PART 2

他們，大自然的翻譯者

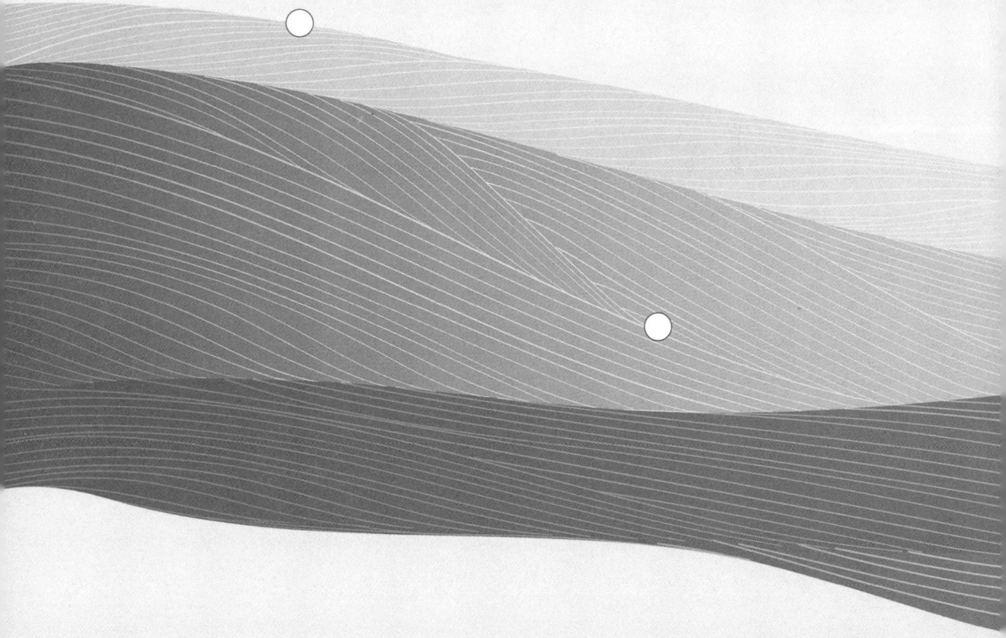

從低微的土裡長出來的「神」

植物獵人洪信介

洪信介經常與死亡相遇，熟識了便什麼都沒在怕，但忽然有一天，一覺醒來，他嚇傻了。那種狀況叫做「爆紅」，機率低於找到未曾命名的新物種。

萬萬沒想到洪信介給了一個絕地求生片的驚悚開場。

屏東高樹，辜嚴倬雲植物保種中心，宛如豪華工寮的單人工作間，採集回來的植物標本、解剖工具以及植物圖鑑散滿工作桌，一排登山背架倚牆而立，他胡亂扒了兩口 7-11 便當，隨手抄起一把刀刃噴上白漆的草格刀，說他就是靠這把刀爬樹，用這把刀在濃密森林中砍出一條路，刀像身體的延伸，刀柄另外圍了一圈橡皮以防滑手，「必要的時候還

可以用來當火種。」

根本還來不及問他爬山和爬樹的事，「你有沒有想過，人是怎樣等死的？」他放下刀，忽然反問我。

我搖頭，等待他的答案。

「一個人在山上迷路，就是等死。」他國語台語交換著說。

第一次迷路，洪信介二十四歲，他哭了三天，邊哭邊找樹枝，用打火機升火。

以後幾次迷路就不哭，也不怕了，專注的生火、保持體溫、找食物，向著某一個點前行，「倒木裡的蟲最多，找一找就有一大把，蛋白質很豐富；螞蝗吸我的血，我把牠們集合起來，揉成一團丸子，烤一烤……。」

只能專注做一件事，光是升火可能就要耗幾個小時，「沒有火，穩死，」最久的一次，他在山裡迷了十三天才走出來，奄奄一息的夜裡，一隻黃喉貂靠近他，以為是一具屍體。後來他設陷阱，吃了那隻想吃他的黃喉貂，活了下來。

活著下山，但沒多久又上山了，野蘭致命的誘惑。「我討厭爬山，」一萬分篤定的口氣。結構人類學宗師李維史陀（Claude Lévi-Strauss）說過差不多一樣的話，那是《憂鬱的熱帶》（*Tristes Tropiques*）著名的開場句：「我討厭旅行，我恨探險家。」

一夜爆紅的新台灣英雄

爬樹也是萬不得已。

洪信介說，他爬樹看心情，想爬、必須爬的時候才爬，在索羅門群島採集時，他看上樹冠層上的藍石松，評估後委婉地丟下一句「我試試看」就衝了，團隊根本來不及阻止，國家地理雜誌攝影團隊在樹下拍下這一幕，森林王子真人版。

森林王子也會失手。最嚴重的一次，在恆春半島的山坡上，他爬上一棵二十公尺高的嶺南青剛櫟，為了拍對面樹上的狹萼豆蘭，一直往樹枝末端走，結果樹枝斷裂，他摔下來，「感覺空氣都往上飄，」飄到一半，撞到一株廣葉鋸齒雙蓋蕨，人又被彈到更深的山溝，打了幾個滾，右半身著地，沒死，手也能動，但站不起來，喊不出聲。

怎麼辦咧？他摸到打火機和香菸，就先躺著抽了一根菸，氣息平穩了，再緩緩往上爬，爬了三個多小時才遇到人。

就這樣，洪信介經常與死亡相遇，熟識了便什麼都沒在怕，但忽然有一天，一覺醒來，他嚇傻了。

那種狀況叫做「爆紅」，機率低於找到未曾命名的新物種。

「老師，救命啊！」他傳了簡訊給老闆，保種中心執行長李家維。

那天是去年十一月二日，新媒體「一条ＹＩＴ」發布「台灣／植物獵人」，片子一開頭就是洪信介跑給虎頭蜂追，接著畫面一跳，他對著鏡頭說：「我是植物獵人阿改，在台灣屏東保種中心工作，」一口純正的台灣國語，一張有明星樣的臉，配上在鏡頭前有點僵硬的表情。

這支不到六分鐘，拍攝洪信介採集現場的紀錄片以超快速擴散，數萬人湧進按讚，上千則表示敬意以及崇拜的留言，有人高喊：「他是國寶。」有人被他爬上高樹，昂然挺立的那一幕感動到哭；也有人說的最直接：「請給他百萬年薪。」

台灣需要英雄，而那一天，台灣誕生了新的英雄洪信介「A GAI 阿改」，「只有國中畢業」拉大了傳奇的強度和熱度，不斷的媒體採訪和演講邀約致阿改陷入驚嚇狀態，猛烈搖晃的心到現在才慢慢回到正常，影片全球超過兩千萬人點閱，美國一所著名大學的植物系還將之放上網頁，封阿改為「植物學者的典範」，我們也終於在保種中心見到他。

是李家維把阿改推薦給「一条」。當時他主持的「索羅門群島資源植物調查暨植物編纂計畫」進度不如預期，團員許天銓、陳正為一致建議找植物界奉為「介神」的阿改。為加入團隊，阿改還到員林農工進修部園藝科讀書，三年後才成行，他被迫面對長久以來因低學歷而累積的自卑，「那個對我打擊真的很大。」

從低微的土裡長出來的神

其實阿改根本不需要學歷證明什麼。他加入團隊後，一個人就採集到創紀錄的三千多號上萬份植物標本，李家維感佩他「探尋自然的熱情與能力」，邀請他到保種中心擔任研究助理，前年，當時四十五歲的阿改有了人生中第一份正職，網站上註明的專長是「植物系統分類與園藝學」，負責國內外植物調查與採集。二〇一七年七月至今二年不到，他已經去過越南、菲律賓、寮國，還是保種中心與台中科博館合作的蘭嶼植物調查隊主力，而我們採訪的幾天前，他才和《台灣原生植物全圖鑑》作者鐘詩文結束高難度的關門古道植物採集。

鐘詩文和阿改相識於蘭嶼，後來一起參加蘭嶼植物調查，植物學者遍尋不著的蘭嶼小蝴蝶蘭，就是阿改一個人花了好幾天搜遍小蘭嶼，最後在一株蘭嶼羅漢松上找到，地球上僅存的一個族群。

阿改如果是具有特殊能力的神，就是從低微的土裡長出來的神。

這世上大多數人都走在被體制設定的道路，向著同一方向前進，但就是有人脫離航道漂流，阿改就是其中之一。

他老家在草屯有田，但父親無法靠種田養活四個小孩，把地租人後搬到桃園大園，先到工廠上班，再去開計程車，母親則是紡織廠女工，典型的勞動家庭。忙於掙錢的父母沒閒工管小孩，事實上也管不住，阿改像是從石頭迸出來，鍵入孫悟空基因的野小孩，聽母親說祖父那一代有賽德克血統。他沒辦法好好坐在教室，不是爬到樹上找鳥巢就是攀上屋頂吹風，見到「甲意」的花草就拔回來種，無法無天的探索、玩耍、破壞、種東種西。

他知道自己有繪畫天分，但欠栽培，家裡也沒能力栽培他。

「好在我長了一顆超大的膽子，」阿改有點得意。

他不在乎被老師父母打，十三歲就偷開阿爸的車上高速公路，十五歲國中畢業後到工地當電機工程學徒，爬高爬低就像走平地。十七歲，他認識了幾個養蘭人，好奇心被點燃，一有空檔就一個人到尖石、坪林的山裡找地生蘭，採回來自己養，有時也能賣錢，順便把能夠到手的植物圖鑑都讀了，如果人生是一本書，這就是阿改成為「植物獵人」的第一頁。

當完兵是一個轉折，阿改回到草屯種田，為了「把田種到最好」，從稻米到各種青菜他什麼都種，每一期的《農友月刊》都認真讀，有問題就到霧峰的改良場請教農業博士，一本《植物保護手冊》被他視為武林秘笈。種田終究「賺不夠吃」，園藝景觀工程和古蹟修復才是阿改的主要經濟來源。

「平地人你行嗎？」

無論種什麼，阿改始終堅持上山找蘭花，拍照、採集兼累積求生經驗，進入網路時代後，他開始到「塔內植物園」與各界植物達人交流或爭辯，與許天銓就是在論壇上因為細花絨蘭相遇，後來又認識研究蕨類的陳正為，兩人成為他的蘭花老師和蕨類老師。蘭與蕨都是阿改的真愛，為了愛，他最後捨棄種田，搬到中海拔區租地經營水牆溫室，三百植床的溫室裡有上千種台灣原生蘭花和蕨類，不過這並不是一個好生意，每月電費六千元起跳，阿改還是得靠做工程來養自己，「如果想賺錢我一定可以賺到錢，像去找牛樟，我是那種人。」他並不是不懂如何賺錢，只是人生在世，愛比賺錢更重要。

所以他選擇去做最辛苦，也最欠工的林務局森林資源調查員。

報到的第一天，阿改記得主辦單位用一種「平地人你行嗎？」的眼神羞辱輕量級的他。後來證明，從二〇〇八到二〇一三年，原住民來來去去，但每一回合的調查阿改從未缺席，「我應該是全台灣做過最多樣區的人，也是爬過的樹種最多的人，搞不好是世界第一。」從深山到淺山，負重至少四十公斤，每年平均被蜂螫六次，被蛇咬一次，從頭到腳，他的身體無一處沒有傷過，膝蓋曾經痛到必須倚著扶手才能下樓梯，來到保種中心後，他有空就跑步，竟然靠著跑步逐漸好轉。

用「畫ㄤ仔」來紓壓

我們繞過阿改的跑步路線，參觀了蘭花溫室，看他從乾燥機取出植物標本，見識到凍結生命組織，零下一百九十六度液態氮，保種中心至今為止蒐藏的三萬三千兩百一十八種植物，其組織樣本都將被保存下來。我們隔著窗和他從索羅門採集回來的大號馬尾杉打招呼，最後來到獵人的單身宿舍，桌上有拜拜用的香和一幅正在畫的桃紅蝴蝶蘭。比起畫植物，阿改更愛用「畫ㄤ仔」來紓壓，短暫抽離被植物填滿的生活，他把用大量原子筆畫的北野武、愛因斯坦、蒙娜麗莎……貼在牆上，和採集一樣的專業，藝高膽大，「我想知道自己到底可以做到多好，」瘋狂工作或畫圖時，總是忘記八十多歲的母親一再催促的，「恁嘛卡緊娶一娶。」

種田、找蘭花和打零工，阿改原來打算這樣獨自過一生，「我又養不起老婆，」但李家維擾動了他的人生，他宿命般的背負起使命感，現在很多人喊他「老師」，他都覺得心慌，「怎麼會是老師呢？我一直都是一個做工的人，我們做工人有自卑感，但是自卑變成一定要把工作做到最好的動力，不然老闆就叫你明天不必來……。」

植物獵人的故事繼續展開，而阿改應該會是第一個被寫進台灣植物發現史的「工人」。

（原載於二〇一九年五月，《蘋果日報》蘋中人）

後記：二〇二二年六月十八日，德國第十五屆卡賽爾文件展開幕，有四組共二十三位台灣藝術家參與，其中一位獲國際認證的藝術家就是洪信介，A Gai，他與英國藝術家凱琳・布里克（Celyn Bricker）合作展出，以畫作展現對台灣特有種植物與生態環境的關懷。

「當我一腳踏進卡賽爾文件展展場時，終於可以踏踏實實的，擲地有聲的，大聲說我阿改是真正的藝術家，真刀真槍不怕和別人比厲害的藝術家。別問我哪裡來的自信，因為我的藝術家養成是從小到現在的漫長歲月，一路磕磕絆絆跌跌撞撞，水裡來火裡去，用血汗、用生命、用窮人思維，練起來的。」

以上是他在臉書上發表的感言。

逐鹿人生

愛上梅花鹿的吳嘉錕

梅花鹿的行為和習性，都是他一個人在草原上，躲在車裡，像一小塊一小塊磚那樣堆疊起來的，「要了解梅花鹿才能拍好梅花鹿。」我們誇讚他的堅持與執著，但吳嘉錕比較喜歡的說法是：「我太無聊，吃飽太閒。」

大疫之年，十一月底，午後四時，落山風狂勁到遊客只想躲回民宿癱平，吳嘉錕帶著我們風中步行，到龍磐大草原尋找梅花鹿。這裡以前沙灘車可以進來，帶遊客找鹿，也是吳嘉錕開著皮卡車找梅花鹿的其中一個重要據點，但因有沙灘車不循墾管處規定路徑，破壞盤古拉牧草，墾管處已下達禁令。

「就是這個角度，」吳嘉錕指著草原盡頭的稜線，「再一小時多太陽會從那裡沉下去，如果剛好有一隻鹿剛好從這裡經過，你就按下快門，很簡單，等就有了。」

十年唯一的一次

就是這個夢幻畫面，夕陽下的梅花鹿剪影。一個小時前我們才在墾丁遊客中心的吳嘉錕「半島尋鹿」攝影展與它相遇。是有多簡單呢？吳嘉錕笑嘻嘻說，拍鹿十多年，只要有空，而他大部分時間都讓自己有空，清晨和黃昏各來巡一趟，一定有機會遇到梅花鹿群。然後，第六年的某一天，他就真的等到一隻從夕陽下稜線走過的梅花鹿，十年以來唯一的一次。

正是梅花鹿交配的季節，而恆春半島估計有一千五百到兩千隻梅花鹿，但草原空蕩蕩，連一隻鹿的影子也沒看到，不像北竿大坵島。

「大坵島的鹿無處可躲啊！」吳嘉錕取笑我們的沒常識，「野地的梅花鹿對人類避之惟恐不及。不然怎麼會有梅花鹿生態園區？」

尋鹿未遇，悻悻然回到吳嘉錕開的民宿，聽他講古。

吳嘉錕的民宿就叫 skyline，萬坪草地上只開出從土裡長出來的十幾間房子，把空間還給大地，十五年來，這個一週五天單身，以割草為主業的男人就在這裡過著「說出來你們會很羨慕」的每一天。

其實一直到賣相機器材前，吳嘉錕的人生都沒有方向，像蒲公英的種子飄啊飄。

他是屏東一家糖果工廠的少爺，五個孩子中的老么，十歲就擁有一台相機，國中升級單眼，但腦袋遲不開竅，到國小四年級數學依然零分，「不會讀書也不帥，沒關係人緣好就好。」母親這樣安慰他。父親認為重要的是一技之長，所以國中畢業後吳嘉錕就選擇烘焙，跨過高屏溪到高雄的老餅鋪瑪莉食品當學徒，糖果工廠公子去學習西點，合情合理。

他承認，當年拿相機純粹是愛現，哪裡知道日後會真正愛上拍照。

做麵包則是一條看得見未來的路，日子很辛苦，每天凌晨四點起來蒸饅頭，師傅來了就開始做麵包，若非「生日快樂」四個字寫得歪膏揤斜（歪七扭八），「你寫成按呢甘有人買？」師傅指著他臭罵兼嘆氣，現在的吳嘉錕八成是麵包店頭家。

人生就像一場奇幻之旅，吳嘉錕的西點之路止於「生日快樂」，雖然還是當上副手，基本功練成，但當兵之前他就辭去工作，去了加工區，水電工做一做，機械工做一做，未來的模樣仍舊無法打磨成型，想想還是需要一張文憑，退伍後就重新回到學校，讀完屏東高工和東南工專電子科，畢業後到大姊開的貿易公司送信送貨兼倉管，當時二姊在美國留學，知道傻弟弟對相機有興趣，便告訴他美國有「萊卡」，吳嘉錕土土的，以為「萊卡」是「NIKON」英文發音，但管它什麼卡，他一摸到相機整個人就閃閃發光，這種感情已非年少時候的愛現，近乎真愛了，於是二姊幫他在美國找二手相機，大姊負責進口，吳嘉錕先在金華街擺地攤賣，生意穩定後，順勢在貿易公司倉庫闢了一角開店，有了店面好成家。

比悲傷還悲傷的事

但比悲傷還悲傷的事，也就發生在倉庫開店賣相機期間。

因為相機而結識的攝影師好友許添瑞回憶，有天他到店裡看相機，吳嘉錕即將臨盆的妻子來了，他就順手為準爸媽拍合照，從觀景窗看到吳嘉錕「笑得憨憨的，是那種將為人父不知所措，歡喜難以言說的樣子。」

接下來的事，許多年後吳嘉錕已經可以很平靜的講述了，妻子進了產房後再也沒有出來，死於羊水栓塞，孩子因為缺氧而成為腦性麻痺兒，「講真的，人生，你要遇到了，才知道不是你可以掌握的……。」

告別式那天，許添瑞去了，看到平日皮皮的，笑笑的那個男人，滿臉長出哀傷的鬍渣，力氣被抽乾了，回禮時還需要旁人攙扶著。

過兩年，一出生就得插上鼻胃管的孩子也走了。

有段時間，吳嘉錕活在「對人生已經沒有任何期待」的地獄，母親和姊姊怕他想不開，但本質上他是超級樂觀的人，既然老天把老婆小孩都帶走，他的樂觀引領他，那麼被遺留下來的人，無論如何都要從地獄爬出來，「這種事沒人能幫你的，只有自己能讓自己走出來，我把這件事拿出來講，不是要人同情吳嘉錕有多悲慘，是希望和我有相同境遇的人可以走出來，那些說自己走不出來的人，不是你走不出去，是你不想走出去。」

我們都曾受過傷，才能成為彼此的太陽。電影《陽光普照》說的。

所以吳嘉錕便成了太陽。他選擇快樂，選擇繼續愛著這個世界，買S賓士車，把妹（「這個一定要寫」他特別吩咐），飛到美國和二姊二姊夫一起旅行，「我到蘇格蘭一看，哇塞，這種地表完全被石頭占據的國家怎麼生存啊？但他們就是會給你一個好環境，什麼品牌什麼價錢都不重要。」幾個月的歐美行顛覆吳嘉錕的生活與價值觀，「我一直以為有錢才會快樂。」

當然他也沒浪漫到以為人生不需要賺錢，相機器材店照開，多年以後遇到現在的妻子，「她是我高工同學，是老天派來守護我的菩薩，」妻子不僅幫吳嘉錕顧店，也成全他回到故鄉開民宿的夢想。

無可救藥愛上恆春

那是一塊原來養豬的六甲法拍地，吳嘉錕找到五個理念相同的合夥人，從建構到發包都一個人扛下來，「合夥人知道我很厲害，而且對錢沒有野心。」他又笑嘻嘻說：「雖然還是想賺大錢。」

與台北比較起來，吳嘉錕認為恆春人實在幸福，他無可救藥愛上恆春，也因為愛，他想更了解恆春，便去報名墾管處解說員訓練課程，第一次知道墾丁有梅花鹿。

台灣曾經是一個梅花鹿遍野的島嶼，但都到哪裡去了呢？中研院院士曹永和《近世台灣鹿皮貿易考》指出，從荷治時期到雍正時期的一百多年間，台灣輸出鹿皮高達上百萬張，雍正之後數字遽降，被殺光了。根據馬卡拉博士一九七四年的調查報告，野生梅花鹿可能在一九六九年就絕跡，墾管處則自一九八四年起展開台灣梅花鹿復育計畫，復育並且野放。

所以，梅花鹿怎麼可能不怕人類呢？

吳嘉錕人生第一張梅花鹿照，是一個月黑風高的夜，在社頂籠仔埔拍到，當一小群傳說中的鹿從眼前走過，探照燈下的他和自然生態教育家黃一峯兩人「興奮到想尖叫」，但照片拍出來，是只看到兩顆玻璃珠的黑白風格照。

當時他還不曉得白天是否能見到鹿，就是習慣性的每天開著車四處探尋，有天在龍磐草原水蛙窟一帶，遠遠的，有一群鹿群，「既然白天也可以看到，我幹嘛晚上去拍？」之後就開始天天去等，終於有機會拍到兩百公尺遠的鹿群。

拍野生動物的守則是，看到了，先不動，靜靜觀察，再一分一寸的移動，如果靠近一點，鹿會不會跑走？保持不動，有沒有可能越走越近？吳嘉錕找不到可供參考的教戰手冊，「攝影人為什麼不拍梅花鹿？因為沒有速成的畫面。」關於梅花鹿的行為和習性，都是他一個人在草原上，躲在車裡，像一小塊一小塊磚那樣堆疊起來的，「要了解梅花鹿才能拍好梅花鹿。」

我們誇讚他的堅持與執著，但吳嘉錕比較喜歡的說法是：「我太無聊，吃飽太閒。」

不只是美，還要把環境帶出來

這是生活在恆春半島擁有的餘裕。在無人草原上，一區一區巡，一點一滴了解，燒掉數十萬的油錢後，直到有一隻好奇的小梅花鹿走近他，吳嘉錕終於有把握可以拍得更好了，「不只是美，還能把環境帶出來。」有天他面對夕陽，「如果有一隻梅花鹿走上稜線，夕陽剛好沉入牠走過的區塊……」，忽然一股渴望燃燒起來，不知這要等多久，但不等就永遠沒有機會。

等到的也許是殘酷的獵殺。為防止梅花鹿破壞牧草，籠仔埔一帶設有防梅花鹿的圍網，大鹿可以跳進跳出，小鹿被浪犬追趕時，可能就被逼到無法跳出的死角，於是吳嘉錕曾在一天內目睹四隻被浪犬咬死的小梅花鹿，怒火攻心的他當下想把浪犬宰了，但小鹿無辜，浪犬也是無辜，「說起來人類正是萬惡之源啊。」

攝影展則完全在計畫之外，墾管處邀請吳嘉錕開展時，他一片茫然，轉向黃一峯發出求救訊號。

從幾十萬張照片中挑出一千張後，黃一峯以「沉浸式體驗」為策展理念篩出兩百張，最後展出其中三十張，還必須大改造傳統展場，最後的結果，來看過的朋友都說，這個不搬到台北的話，真正可惜，無彩啊！

黃一峯還好心教導吳嘉錕，一定有記者問你為什麼拍梅花鹿，你要努力思考該怎樣回答。

「可是我想很久，還是沒有答案捏。」吳嘉錕抓抓頭，嘻嘻笑，像面對一張數學考卷。其實也不用給答案，他用照片說出了為什麼，每一張都是對人生的回應，是器材和技術之外的認真、等待與無所求。穿越曾被死亡凍結的暗夜迷路他繼續前行，走進風與陽光共伴的所在。

在那裡他和梅花鹿談了一場戀愛。

（原載於二〇二〇年一月，《蘋果日報》蘋中人版）

你看見老鷹了嗎？

梁皆得紀錄片《老鷹想飛》與沈振中《老鷹的故事》

對梁皆得來說，這不只是老鷹的故事，也是人的故事，台灣環境的故事；而外木山上的沈振中，正是一隻沒有翅膀的老鷹，老鷹的心理學家，老鷹故事沈振中怎能缺席？

正午，基隆港，海洋廣場，正常的狀態，每天這時間到四點，會有十幾二十隻黑鳶盤旋，直到黃昏。

黑鳶，俗稱老鷹，台灣人另外給牠們取了小名——來葉或厲葉。

當九月秋風吹起，來練習飛翔和覓食的老鷹更多了。老鷹很輕，一千四百公克，兩翼開展一百六十五公分，只需要一絲絲微風就可以飄在空中，看起來就像一片擺脫重力的葉子。

梁皆得／提供

二〇一四年十月十六日，在攝鳥人拋食的狀態下，基隆港聚集了四十六隻老鷹飛翔，這是空前的紀錄，「一百隻眼睛都來不及看。」想到那天的盛況，一年三百六十五天有三百天守在基隆港看老鷹拍老鷹的「班長」還是興奮不已。

老鷹有時也捕捉躍出水面的豆仔魚。

基隆市野鳥協會推廣組長何永壽也經常到基隆港看老鷹，「全世界最容易近距離看到老鷹的港口城市就在這裡了。」他說話的時候一隻老鷹忽地從頭上掠過，衝進水域抓起了一塊生肉，接之在空中吞食。

港邊的大人小孩不約而同的驚呼，臉上綻放笑容。

有陽光的日子，近到可以看見老鷹的眼睛，開叉如魚尾的尾羽閃著金光，還有利爪如鈎。在失去與自然聯繫的都市，港口的老鷹似乎帶來了療癒的力量。

但這代表老鷹的數量增加了嗎？

不然，二〇一四年秋冬的全台普查，台灣老鷹族群只剩下以台灣北部、嘉義和高屏地區為主的三大穩定族群約三百五十四隻。

二〇一五年至今，台灣猛禽研究會「全台老鷹黃昏聚集區同步調查」計畫召集人林惠珊則記錄到四百二十六隻，其中以新北市翡翠水庫山區最多，記錄到九十七隻，屏東三地門山區九十二隻。

尋找老鷹消失的原因

老鷹和草鴞是最接近人類的猛禽，屏科大野保系教授孫正勳估計台灣曾經有上萬隻老鷹，「老鷹抓小雞」遊戲是好幾代台灣孩子的共同成長記憶，「厲葉展翅」則延展成為台灣人賽酒拳的一段。基隆人高旗記得他小時候有漁民在外木山海邊炸魚，魚一浮出水面，

「馬上就有一兩百隻老鷹飛撲到海上搶魚吃」，這樣的景象，卻在二十多年之內急轉直下，至於以老鼠為食的草鴞，能看到就等於中樂透。

日本、印度的老鷹數量都維持穩定，普遍可見，與台北差不多大的香港，約有一千隻老鷹，老鷹甚至就在人們活動的公園裡築巢，日本老鷹則會搶走行人拎在手上的垃圾。唯獨台灣，在農委會台灣保育物種列表上，老鷹目前被列為「珍貴稀有」，基隆港雖然有時近到伸手可及，但這裡並非牠們的棲地。

「一種鳥在這裡出現，可能意味著某個地方的環境被破壞，而不是數量變多了。」生態紀錄片導演梁皆得分析。

一九九二年，「老鷹先生」沈振中啟動二十年的「追鷹計畫」，年復一年調查老鷹數量，除了棲地破壞，他一直找不出老鷹消失的原因。

二十一年後的二〇一三年，屏東十八公頃的紅豆田中發現三千鳥屍，沈振中接班人，人稱「老鷹公主」的林惠珊從這裡循線追索，解剖化驗的結果，證明老鷹消失的原因——農藥。老鷹因為吃下胃中有毒稻穀的麻雀和紅鳩而間接中毒，這一發現讓沈振中老鷹故事的結局出現戲劇性的轉折。

老鷹數量之所以北多於南，原因也就在此。

四百二十六隻，這算是二十三年來數量最多的一次，不過孫元勳認為，這也可能是早就存在卻沒有調查到的族群。

老鷹並沒有回到台灣人的生活，台灣人並未真正的看見老鷹，守護老鷹，思索人類與老鷹的關係。

相遇是命中註定

二〇一四年，我在基隆海洋廣場遇到正在散發宣導手冊的沈振中，他不和人交談，就只把想說的話寫成一篇文章，標題就是〈你真的看見老鷹了嗎？〉

但僅僅只是看到沈振中本人，經常到基隆港看老鷹，也讀過《老鷹的故事》的我，彷彿就被一種力量灌注。

隔年十一月，梁皆得導演的紀錄片《老鷹想飛》終於上映，講述一個在基隆港看不見的老鷹故事，一個由七萬呎十六釐米影片，二千一百分鐘剪輯成七十五分鐘，用二十三年的漫長時光換來的故事。

這，也是沈振中生命的主題，而我有幸透過採訪梁皆得更加認識沈振中。

沈振中與梁皆得都有一眼就可以辨認的獨特形貌，一個是散發沉靜力量的修行者，一個是蓄著花白鬍子，長髮，恆常穿一件老舊的猛禽T恤，笑容溫婉的漢子，他們的相遇是命中註定。

一九九一年，沈振中三十七歲，是基隆德育護專的生物老師，他在基隆港看見兩隻老鷹。遇到老鷹並沒有翻轉人生的動能，除非這人已經準備好被什麼改變。沈振中正是如此，早在遇見老鷹的前兩年，他已經開始騎車環島，跑馬拉松，也獨自登山，因為一系列的際遇與內在本質的碰撞，他正逐步告別一九九〇年前，解剖、做標本、肉食，生活中有冷氣電視冰箱的過去之我，跨進簡樸生活，同時建構「自然環境並不屬於我們人類，我要學習與生物分享整個土地」的土地倫理觀，「鳥」就是他「重返自然」的入口。

「我，宣布自己為土地國的一個國民，將永不停止的尊重土地國中的其他分子，土壤、水源及各種動、植物。」他曾把這段話印在名片上。

隔年，沈振中開始在澳底漁村進行全天候的老鷹觀察記錄，成為台灣第一個發現老鷹巢位的人。他也知道老鷹在哪裡過夜，明白各種鳴叫所代表的意思，叉翅、白斑、浪先生、郝先生、破洞、黑環……他為遇到的每隻老鷹取名字，「ㄈㄧㄡ～，ㄈㄧㄡ～」，老鷹彷彿在叫喚他。

幾乎撕裂心臟的慘劇

一九九〇年梁皆得二十五歲，在中研院動物研究所擔任劉小如野外調查研究助理，生涯進入第四年。

彰化鄉下長大的梁皆得從小就愛觀察鳥，國中時加入台中鳥會學習鳥類調查及記錄鳥類生態的方法，之後熱中攝影。比起體制內的學校，他更樂於在野外自主學習鍛鍊，培養能力，其中發現隱密鳥巢這一大本事，最令鳥界折服。

沈振中日復一日，用望遠鏡，用最原始，也最不干擾的方法，遠遠的定點觀察，筆記老鷹整日的行為——黃昏的聚會。抓枝遊戲。交尾。築巢。下蛋。教導小老鷹飛翔。然後，幾乎撕裂他心臟的慘劇發生了，他遠遠的，看見白斑被獵鳥人置放在巢位的捕獸鋏夾住嘴喙，從奮力掙扎到死亡。

而白斑的伴侶浪先生，則在妻子身邊來回衝叫二十二圈。

沈振中觀察的老鷹或受傷或死亡，怪手則寸寸進逼老鷹棲身的外木山區，「是老天爺派遣我來記錄老鷹的毀滅史嗎？」他心痛到近乎絕望，但絕望的星火點燃了更徹底的行動，決定辭去十二年的教職，誓言以二十年的時光去守護老鷹。

同一時間，梁皆得協助劉小如上山下海，朋友說他「樸拙誠摯，任勞任怨，表現傑出」，在月黑風高的晚以繩索攀上高樹，觀察、捕捉、測量蘭嶼角鴞，「蘭嶼角鴞生態調查」應是梁皆得八年研究助理生涯中最特別也最艱難的任務，但這顯然不足以填滿他，他還利用工作外的時間出任「大肚溪口鳥類繫放計畫」執行人，由他親手上腳環的鳥數以千計。

對鳥的巨大熱情支撐著他。

為了能夠進入巢位確認有無捕獸鋏，以及確定另一隻老鷹破洞的巢位是否下了蛋，沈振中來到中研院請求劉小如協助，而已經練就一身武藝的梁皆得就從那一刻走進沈振中的老鷹故事，努力跟拍，那年是一九九二。

對老鷹烈焰焚身一般的偏執

沈振中的《自然筆記》震盪了賞鳥圈，他的賞鳥「前輩」，作家劉克襄在一九九三年偕同梁皆得前往外木山，當時劉克襄並不相信一位賞鳥初學者能夠把老鷹看得如此神奇，每一隻都認識，更加把牠們築巢的行為和關係描述得活靈活現，「一如動物學者勞倫茲」。從「以為是虛構小說」的懷疑到萬分肯定，劉克襄親眼見證沈振中對老鷹烈焰焚身一般的偏執，「賞鷹對他而言，已經不是樂趣的觀察，而是一種生活態度的具體抉擇。」也因此他說服沈振中參加時報報導文學獎。

老鷹，這是除了沈振中無人能寫的題材，他果然抱回評審獎，卻毫無興奮之情，獎金捐給了野鳥學會。當有人問他沒有工作了怎麼過日子？沈振中一律回答：「反正只有一個人，節衣縮食，隨便都過得去。」

梁皆得的瘋狂其實不輸給沈振中。開始觀察、拍攝老鷹後，他把假日都捐給了老鷹，有時候和沈振中一起，有時候獨自，最勤奮的一段時日，天未亮即驅車至外木山蹲點拍攝，「晨課」結束後再回中研院上班。

沈振中專情於老鷹，梁皆得因為工作關係，必須一心多用，長期記錄的還有蘭嶼角鴞、水雉、黑面琵鷺、大冠鷲、熊鷹、蜂鷹……每個男人心中都有一隻猛禽。

一九九五年，三年辛苦有成，他完成了以十六釐米攝影機完整記錄角鴞生活史的《嘟嘟ㄨ——蘭嶼角鴞的故事》；又兩年，記錄陽明山國家公園大冠鷲與松雀鷹生活史的《草山鷹飛》在臺北市立圖書館首映。一九九九年以官田鄉菱角田鳥類世界為主題的《菱池倩影》則獲金馬獎最佳紀錄片提名。一步一腳印的邁向台灣生態紀錄片大師之路。

台灣鳥類發現史上，東方紅胸鴴、白領翡翠、白頭鴉、黑頭鴉、鐵爪鵐、紅腳隼，第一筆紀錄都由梁皆得寫下，野鳥學會猛禽資訊中心的鳥友林文宏一直堅信他「還會有新發現」……。

預言果然成真。

下一個接棒人

二〇〇〇年梁皆得受馬祖縣政府委託在當地鳥類保護區拍攝生態紀錄，第一年先進行鳥類和物種調查，「我跟他們說，做這件事不能速戰速決，要給我兩年時間，不了解狀況就拍不出好片子。」第二年開始拍攝，他就從兩千多隻鳳頭燕鷗中發現八隻被認為瀕臨絕種或已經消失的黑嘴端鳳頭燕鷗，發表後轟動國內外賞鳥界，梁皆得謙稱「幸運」，但幸運從來不是單純的幸運，而是努力和實力之後，意外的獎賞。

另一頭的沈振中持續觀察老鷹，期間他也和梁皆得獲鳥會支援赴香港、大陸、日本、尼泊爾和印度觀察老鷹，並從一九九三到二〇〇四年，十一年間出版《老鷹的故事》、《尋找失落的老鷹》、《鷹兒要回家》老鷹三部曲，完成「為一種生命立傳」的大願。

而梁皆得則為沈振中觀察的老鷹留下無可取代的影像紀錄，為了一個老鷹遊戲的畫面，他必須揹著器材爬過一個山谷，今天等不到，就等明天，這次拍不到，再等下次，「每一個鏡頭都是用時間換取空間」，這樣總共等了三年。

然後林惠珊出現了。

所謂命運，就是把意念相同的人串連起來。

林惠珊是台北女孩，高二時為《老鷹的故事》裡的叉尾和白斑掉淚，考上基隆海洋大學航管系念書後，最喜歡的事就是到基隆港看老鷹，一個研究猛禽的夢越來越清晰，二〇〇五年如願考上屏東科技大學野生動物保育所，指導教授就是猛禽學者孫元勳，但一直到博班才有機會研究老鷹，寫 e-mail 給對她言有如「神人」的沈振中。

他們二〇一〇年第一次見面，沈振中傾盡所學，帶領林惠珊探訪每一處棲地和繁殖點，隔年，他二十年前所立的追鷹誓願，期限已至，他和梁皆得兩人都已步入後中年，一個投入內觀修行，一個已然成為生態紀錄片大師，但在台灣，拍生態紀錄片從來不是可以安居樂業的事。

每當有人問起沈振中關於老鷹的事，他都會搖頭，「去找我的接棒人吧，」他說的人就是林惠珊。

不只是老鷹的故事

《老鷹想飛》是梁皆得第一部上院線的生態紀錄片。

一般來說，先提出企劃案，找到錢，然後開始拍片，這是正常的程序，《老鷹想飛》剛好相反，沒找錢就開始拍攝，甚至陸陸續續進行了二十三年，投入的時間、底片和器材費用無以估計，其間梁皆得一度累到中風幸好復原良好，「在沒有拍到珍貴畫面如求偶、育雛或遊戲之前，我們不敢找贊助。」梁皆得說，但開始找贊助後又被拒絕十多次，「很氣餒，還有人說我們在騙錢，」終於在沈振中臨將退隱交棒之際，一位年輕時就聽聞沈振中故事的本土企業家出資五百萬，影片才得以進行後製，接下來台灣猛禽協會發起網路集資募款，用大眾的力量把影片送上院線，一百五十萬已達標。

對梁皆得來說，這不只是老鷹的故事，也是人的故事，台灣環境的故事；用劉克襄的話，是一個人以裸看，努力和老鷹進行深層對話的故事，一如珍古德被黑猩猩視為族群的一分子。外木山上的沈振中，正是一隻沒有翅膀的老鷹，老鷹的心理學家，老鷹故事沈振中怎能缺席？為此梁皆得終於說服一直不肯入境的沈振中面對鏡頭，並且第一次進入他堪稱家徒四壁的住處。

屏科大鳥類生態研究室則聲明，募款不是為了研究經費，而是想讓更多人看到這支影片，因而重視老鷹的生存，了解老鷹的困境，從老鷹的問題看見台灣所面臨的食安問題，如此台灣的老鷹才有希望，和我們一起平安的活下去。

這一次，台灣人終於將真正看見老鷹。

（原載於二〇一五年五月，《台灣光華雜誌》）

後記：石虎、陸蟹正在走向滅絕，但好消息是，老鷹的數量增加了，根據台灣猛禽協會的調查，二〇二〇年的老鷹數量來到八百四十隻，創七年新高，比二〇一九年多了一百三十一隻，但二〇二一年又下降到七百三十隻。

被昆蟲附身的男人

生態作家／講師，熱血黃仕傑

他感謝大自然，是大自然拯救了他，把任性和沉迷轉化成為知識與挑戰極限的勇氣。從被昆蟲附身的那一刻起至今，力量來自於家人的支持，以及每一次的走向大自然。

黃仕傑最新的工作是三立電視二〇二〇年全新打造旅遊實境節目《上山下海過一夜》主持人之一，負責講解自然生態。

朋友喊他阿傑，家人則叫阿狗。我們的主題應該沿著自然觀察和生態教育路線展開，尋找富陽生態公園的閃光苔蛾，佐以婆羅洲、秘魯和馬達加斯加的探險，但就是忍不住，我問阿傑可不可以先介紹一下他斷了四根指頭的「神奇右手」。

「有時候我真以為我的四根指頭都還在。」他伸出右手，正面反面反覆端詳，彷彿在欣賞一件怪咖藝術家的作品。

他有細長的左手手指，鋼琴家的那種。

受傷那年阿傑二十一歲，剛退伍半年，沒學歷也沒一技之長，不過當兵之前他已經滾出一張嚇嚇叫的社會大學文憑——餐廳的外場服務、在台北橋下等叫工、三七仔皮條客，賭博抽菸嚼檳榔，熱愛精品和汽車，同時交五個女朋友，距離「匪類」只有幾步之遙。

失去的不只指頭，還有廚師的夢想

江湖太誘人，但對弱勢者的不忍剝削讓阿傑無法走上歹路，認真思考未來的結果，他決定出國學廚藝，便一日打三份工籌錢，早上幫肉攤處理豬肉，下午擺地攤賣鞋，晚上到電玩店上大夜班，可能因為睡眠不足，一個黑暗的星期天，就讓右手手指跟著冷凍豬油捲進絞肉機，幸好還夠冷靜，及時關掉電源，拔出手指，「否則可能半隻右手就進去了。」

他用抹布包住右手，快跑到附近的祥仁外科，醫護兵分兩路，一路進入手術室備戰，一路奔向市場把食指從絞肉機翻出來，因為拇指最重要，醫生把食指接到大拇指，這是第一回合手術，術後幾天整根手指黑掉，半夜三更又進一次手術房。

清創一個半月後，傷口長出粉紅色的肉芽組織，阿傑面臨下一個重要抉擇，是要把肚皮掀開，把右手包進去長肉，還是抽取腳趾頭接到食指？

他決定乾脆一點，選擇後者。

認真研究阿傑的腳趾頭後，醫生對長度頗為滿意，淡定的問他：「要取左腳的還是右腳？」事後想起來如同一則黑色笑話，但抽取右腳食趾接到手上，這第三回合的大手術，讓受傷後一直沒有哭過的阿傑痛到飆淚。

但疼痛終究會過去，從此阿傑領有殘障手冊，異形的肢體，大拇指是食指，腳的食趾變成了手的食指，失去的不只是指頭，還有廚師的夢想。

阿傑需要賺錢，他嘗試過開大貨車和賣檳榔，再由朋友介紹進入皮件業當業務，磨練一年業務能力後，又去做汽車美容，但朋友——三教九流的朋友是阿傑的資產無誤，慫恿他到台灣迪生應徵業務，迪生的條件是大專，阿傑最高學歷只有國中，協和工商讀半年就輟學，但他被錄用了，成為當年業界的神話。

憑什麼被錄用？

他想一想，說了一件蘊含做人之道的「小事」，事情是他跑業務時，賀伯颱風襲擊台北，有家客戶的店慘淹，四處打電話找人搶救，結果只有他一人付諸行動，但機車只能騎到市民大道，接下來就得捲起褲管一路潦，換來自此以後業界的另眼相待。

客戶的背書讓阿傑破格被錄用。他服務到位，也重視外表，認為這是做業務的基本，健身房不夠，還去練游泳，自學蛙式自由式仰式，慢慢的從十公尺游到隨心所欲，游到被救生協會的人盯上，拉他加入受訓。「我手這樣可以嗎？」，「沒問題。」斷指的救生教練就這樣誕生了。

開啟封印的昆蟲狂熱

斷指扭轉人生，但最大的轉折來自他在迪生擔任業務的某一夜，一群業務朋友在夜店開派對，午夜十二點鐘響，忽然有個人問阿傑：「要不要和我到貓空抓獨角仙？」完全是天外飛來一筆的邀約。

聽到「獨角仙」的阿傑，那神奇的關鍵字，咻一下像乘坐時光機回到童年，他看到一個在福州山亂葬崗鑽來鑽去找蟲的小屁孩。

「好啊！」他爽快答應。

爸媽離婚後，阿傑與阿公阿嬤同住，阿嬤黃曹招在他看來是個神奇的女人，專業是助產士，同時繁殖小狗小鳥，賣過排骨飯，家裡還開抽頭的賭場，「能賺的錢她都要賺，但做人厚道顧信用。」身為受寵的長孫，阿傑享受過一段阿舍的日子，後來父親經商失敗，阿公和父親遠走美國，留下阿嬤賣房子處理債務，債務還清後阿嬤也去了美國，他和弟弟被送去和在餐廳當服務生的母親曾秋玉同住，活動版圖從伊通街移動到六張犁，現在的富陽生態公園一帶，也就是他的生態啟蒙地。

阿嬤從美國回來後他又搬回去，但從此他再也沒有見過父親。

那一夜他和朋友夜奔貓空抓獨角仙，那一夜，他與童年的阿狗相遇，發現自己對昆蟲的狂熱從未消失，只是封印在內心一角。

這是業務員阿傑的甲蟲元年，封印揭開，朋友都覺得毛毛的，說一夕之間為蟲瘋狂的阿傑「不是中邪，就是被什麼附身了……」。

阿傑明白自己有一種獨特的天性，任性，而且容易沉迷。任性與沉迷如水，水能載舟亦能覆舟。同樣的任性與沉迷，他用在名牌、汽車和賭博，也用在健身、玩蟲、攝影和閱讀各種關於大自然的書籍。

甲蟲圈很快就知道有黃仕傑這一號人物，Win98年代，阿傑加入甲蟲討論區，為了交流拚命練打字，瘋狂吸取相關知識，當時台北有木生和六足兩家昆蟲店，他在這裡結識一票同好。他的皮件客戶遍及北中南，找蟲的範圍也一樣，為了找黑腳深山鍬形蟲他趁出差之便開車到南橫向陽，連摃三趟才抓到，「為喜歡的事情我可以不眠不休。」他敢砸錢，開冷氣給甲蟲吹，養出來的甲蟲就是比別人大隻，養到上千隻時，發現一隻牛頭扁鍬形蟲有玩家開價三到五千，昆蟲繁殖顯然是個好生意。

跨出台灣找甲蟲

如果只是抓蟲養蟲和賣蟲，「我就只是一個普通的玩蟲人，」但老天讓阿傑遇到中興大學昆蟲系科班出身的廖智安，廖智安又把他介紹給他的老師唐立正，這是阿傑與學界接觸的開始。學界需要這個一天到晚在外面跑的年輕人找樣本，一起做田野調查，「吼，我才知道昆蟲的學問比海還深，而我只懂淺淺的一層。」任性與沉迷再度把阿傑推向用功讀書的無底洞，還跨出台灣，跟著廖智安到泰北、婆羅洲找甲蟲。

右手和學歷從來沒有困住他。

他還開過一年的蟲店。那時他已離開迪生，換了一個老闆，業務做得風生水起，也收拾玩心和十七歲就認識的女友陳學儀結婚，以為幸福來敲門，老闆卻把他開給客戶近八百萬的支票拿到錢莊抵押後落跑，錢莊和下游廠商前來討債，家人則誤會這筆錢是在牌桌上輸掉的，畢竟他有過跟母親借三十萬還賭債這樣的前科，講起這事阿傑還會哽咽，覺得自己辜負了阿嬤。母親和妻子，三個他生命中最重要的女人。

這是比斷指更黑暗的一段日子，阿傑和債主協商，賣保單，賣昆蟲和飼養工具加上老婆的存款來還債，「其實我也是受害者，但如果不出面解決，以後就不必在業界混了。」之後一個曾經雪中送炭的朋友提供場地找他開蟲店，他希望設計出一家森林感的店，便一頭栽入蘭花、蕨類、石松和細辛的採集和栽種，結果又是一門讓人大爆炸的領域，不過當蟲店經營才要步上軌道，就因為信任問題而收場。

開始使用相機記錄則是另一個任性與沉迷的故事。

尖石鄉玉峰村是阿傑最常去找蟲的點，這裡有一棵殼斗科的長尾栲，每年夏天會滲出吸引多種蝴蝶、甲蟲的汁液，只消用一種特定的竿子和勾子掛在樹上，拉兩下，「蟲如雨下」，阿傑一直想記錄這裡發現的蟲卻一年拖過一年，一直到二〇〇八年，大樹因為擋住果園的陽光被砍，他連為長尾栲拍遺照的機會都沒有。

令他著迷的還有鹿角蕨。

環境不斷在改變，生態迭遭破壞，再不做記錄恐怕永遠消失，這樣的急迫感逼使阿傑把業務賺來的錢投資在攝影器材，自學攝影，他用小指頭按快門，「我的小指頭很有力喔。」

走向生態攝影與寫作

靠著一步一步的累積與修練，功夫練成，透過廖智安、自然野趣工作室創辦人黃一峰的引薦，正式走向生態攝影與寫作，以及生態旅遊講師之路，口條好到電視節目找上門。曾經一年接六十場演講，扮演科學家與大眾之間的橋樑，也連續幾年帶日本金龜學會理事長益本仁雄博士在台灣找昆蟲，萬萬沒想到博士把在南仁湖發現的新種擬步行蟲命名為「仕傑擬迴木蟲」。

老實說，我沒有遇到像阿傑這樣人生時序如此多歧紛亂的人。他感謝大自然，是大自然拯救了他，把任性和沉迷轉化成為知識與挑戰極限的勇氣。從被昆蟲附身的那一刻起至於今，起伏跌宕，峰迴路轉的人生，力量來自於家人的支持，以及每一次的走向大自然，「我們在大自然面前太渺小了，滄海一粟，唯一能做的，就是跟著風跟著雲，忘掉壓力一起往前走。」

未來的每一天，阿傑願意火力全開，把心力放在下一代身上。每有一個孩子問起他的手，他就會重新說一遍「神奇右手」的故事，用「神奇右手」指引孩子觀察自然，把學習到的知識與觀念傳遞給更多的人，也告訴天上的阿嬤，「我真的有聽妳的話，有好好做人，很用功。」

（原載於二〇二〇年十一月，《蘋果日報》蘋中人版）

為音樂與生態搭橋

自然音樂製作人吳金黛

一直到現在，吳金黛都認為自己「不是生態人」，她是音樂製作人，在音樂和生態之間搭了一座橋樑，扮演中間傳遞者，這是她喜歡的位置。

有天吳金黛看電視，轉到一台正好在做梁皆得專訪。為了推廣《老鷹想飛》，穿著一件破皺的猛禽T恤，梁皆得一台車凸歸台灣，上遍可以上的媒體，用他顯然不擅長的應對，認真而誠摯的態度，講述拍攝老鷹的二十三年宛如負荊前行的佈道者。

「……不是因為我們一個人在森林裡而寂寞，而是，你覺得重要的事，別人沒有那麼認為。」

她聽到梁皆得很緩慢，出自真心的，一字一句吐出，眼淚瞬間滾落。梁皆得。一個會讓吳金黛一聽到就想哭的名字，她知道梁皆得如何觀察老鷹，如何爬到樹上找蘭嶼角鴞，如何在天未亮的時刻進入濕地，默默的做著自己認為重要的事。

當然她最理解的是一個人在野地裡錄音，最孤獨的美麗，最美麗的孤獨，而那樣的美麗與孤獨，那樣的「享受」，隨著人類步步入侵動物棲地，已經逐漸失去，有一天或者只能凍結在博物館裡。梁皆得拍了二十三年老鷹，吳金黛到風潮唱片工作，製作大自然音樂、跨界音樂與民族音樂，也有二十二年了。

台灣第一個自然音樂製作人

一九九四年她帶著從美國楊百翰大學學到的錄音技術回台，進入風潮唱片擔任音樂製作人，一九九九年推出「森林狂想曲」，成為「台灣第一個自然音樂製作人」。二〇〇一年以「我的海洋」獲頒金曲獎最佳專輯製作人。二〇一二年是「十年反芻大作」的「綠色方

風潮音樂／提供

舟」。二〇一六年十月，風潮主辦第一屆「世界音樂節」，身為技術監控，吳金黛忙著上電台宣傳，手上還有一張泰武的童謠，一張內蒙古的跨界音樂。

「世界音樂節」是風潮企圖轉型，與社會對話的嘗試。

同一家公司，同一個工作，前進方向看起來篤定不移的吳金黛，原來是一顆隨風自由飛的種子，對人生並沒有遠大志向。

她講起了一段忽然想到的插曲。

在楊百翰念音樂系時，每個學生都要上台做音樂報告，她是班上唯一的東方女生，東方女生就該介紹東方音樂「給洋人稀奇一番」，於是她找出從台灣帶來，「音樂中國」出版的錄音帶，剪輯了一段，配上圖書館找到的文字介紹和樂器圖片上台，報告完畢，作曲家老師「龍心大悅」，給了一百分。

「風潮」的前身就是「音樂中國」，而報告之前，聽流行音樂長大的吳金黛跟民族音樂一點都不熟，只是想說到美國念書必須準備一些「文化圖騰」，也果然派上用場，一百分換來的，是「原來我離我的文化好遙遠」的如夢初醒。

其實她從來不是去去去，去美國的那一派。

如果以為她從小學音樂才走上音樂的路，那更加不對了，吳金黛的音樂履歷只有薄薄的，讓她非常心虛的「學鋼琴一年半」。

讀完觀光科，吳金黛在台南的補習班教國中生英文，為了讓學生理解，她學會了「拆解」，發現自己喜歡用「拆解」去慢慢靠近事情的本質，後來學習樂理和音樂分析，「一樣是在拆解」，喜歡拆解，卻始終無法愛上「老師」這個身分，應該說，是扮演「老師」，端出「老師」的樣子，這種和真實自我分裂的感覺讓她覺得疲累。

所以當在美國念書的朋友不斷慫恿她去申請學校的時候，吳金黛就去了，因為茫茫然不知要「主修」什麼，就先讀共同科目，「順便」選修有一點興趣的樂理課程，然後意外的得到楊百翰給的全額獎學金。她愛音樂，卻因為不具深厚的音樂底子，轉而主修「看起來很實用」的錄音技術，並且從努力學習的歷程中，獲得了在台灣求學時從未曾體會過的「知識的樂趣」。

從原住民音樂到土地守護

如果沒有那份獎學金，吳金黛覺得自己一定還在補習班教英文，安安逸逸過日子。還有，如果當時滾石或友善的狗錄用她，吳金黛想，也許她會做到阿妹的唱片，那是所有音樂製作人，包括她的大夢啊。

算是命運吧，隨風自由飛的種子落在風潮。

吳金黛進入風潮的年代，風潮因為製作佛教音樂起死回生，有了餘裕完成理想，她被老闆楊錦聰指派的第一個任務，就是跟隨吳榮順教授到阿里山鄒族部落採集耆老吟唱的古調，「順便」錄一些鳥叫蛙鳴。

許多年後，她才知道錄到的第一隻青蛙叫做莫氏樹蛙。

吳榮順先帶楊錦聰去聽布農族的八音，「一棒就被打死」，決定為原住民音樂奉獻，從鄒族部落回來的吳金黛也一樣，但她從此也多了一項功課：野地錄音。

從原住民音樂連結到土地守護，從守護土地進而收錄大自然的聲音，這看似必然的發展脈絡改變了吳金黛的人生。

吳金黛之外，風潮唱片還找了荒野協會創辦人徐仁修和設計家楊雅棠共同記錄聲音，徐仁修還幫吳金黛上過生態入門課。大約四年多，三個人分別錄了幾百個小時的聲音，楊雅棠是藝術家，錄的是一種氛圍，徐仁修則非常專業的記錄特定物種的聲音，而大菜鳥吳金黛，最常發生的事情是記錄到了聲音卻不知聲音的主人是誰，「進入山林野地，才知道『看到』比『聽到』困難太多了。」

「就讓我來為牠們發聲吧！」

如果這些大自然的聲音是創作素材，那到底要拿它們來做出什麼呢？吳金黛起初也沒想法，有一天她打開電視看Discovery，正好在播放一種美洲小候鳥的故事，話說小候鳥每年會從南美遷徙到北美的一座原始林繁殖，年復一年，科學家發現候鳥族群數量越來越少，經過幾年研究，答案找到了，原來是有企業家夷平二分之一的林區，用來牧牛，因而吸引比較大型的鳥類來啄食牛背上的蟲，這種鳥會飛到那一半的林區，趁著親鳥不在家，偷偷把小候鳥巢裡的蛋推出去，再把自己的蛋下在裡面，倒楣的候鳥媽媽就成了代理人，孵別人的蛋，養別人的小孩。

這種有托卵寄生行為的鳥應該是某種杜鵑。

那當下一個念頭跳出來，吳金黛化身為正義的使者，她想，動物不會說話，「就讓我來為牠們發聲吧！」

她懷著這個念頭和朋友到烏來泡湯，聽著傳進耳裡的嘰嘰喳喳，發現那是有音程的，立刻把音程組織起來，在溫泉氤氳中譜出後來「森林狂想曲」的前面兩句。

火點燃了，冒煙了，接下來的一個月，吳金黛什麼也沒做，除了反覆聽那幾百個小時的錄音，「一直聽一直聽一直聽……」，聽到把它們分成三大類：節奏，氛圍，以及旋律，可以作為旋律用的，就採譜下來。功課終於做完，她擬出架構，再發給作曲家，「譬如野鳥情歌，我會給作曲家幾隻鳥的旋律，請他們去交織，有些旋律可以當作動機，有些用來做答句，一問一答，但是像台灣畫眉，唱得亂七八糟，胡說八道到一種境界的，就請牠當間奏。」

吳金黛自己也寫了一首曲子，對她來說，作曲也是一種「拆解」，「拆解」是為了讓人理解，所以她不炫技，創作的旋律都很簡單，琅琅上口。

就這樣，作曲家的曲子寫來，然後配器、錄音，吳金黛開心的拿著母帶到荒野協會獻寶，一位志工先聽為快，但是聽著聽著，眉頭越來越緊，「金黛，」她搖著頭說：「這些動物的聲音被放在同一首曲子，可是牠們不在同一個生態區位啊……。」

事情很大條，可是都錄音了，怎麼辦？這是CD後來命名為「狂想」的原因。

吳金黛發現，雖然懂生態的人批評如箭矢飛來，但對百分之九十以上不懂的人，它就是一張好聽的音樂，迴響熱烈，更有一些老師因為這張CD，開始接觸自然，觀察鳥獸蟲魚。

在音樂和生態間扮演傳遞者

長銷至今的「森林狂想曲」讓吳金黛學到一件事，「我因為不懂生態區位，所以沒有框架，可以延伸很遙遠。」但生態畢竟是專業不能繼續狂想，之後的大自然音樂，應該找青蛙專家的就找青蛙專家，找鳥類學家的就找鳥類學家，「不會犯錯，但創意被壓縮了。」

一直到現在，吳金黛都認為自己「不是生態人」，她是音樂製作人，在音樂和生態之間搭了一座橋樑，扮演中間傳遞者，這是她喜歡的位置，因此走了二十二年沒有轉彎，其間經歷一波一波音樂產業的變革，乃至解構，從大眾掏錢買CD到免費下載音樂，從每行每業設有專業門檻到人人可以在網路上成名，只要敢秀敢露敢演夠刺激。

她繼續走著，經常開心的笑著，因為這條路風光無限，到處有寶貝，她可以不斷的吸收和成長。

「為什麼我覺得重要的事，別人卻沒有那麼認為……」，終於她深深理解梁皆得說的寂寞，某個部分，也是她的寂寞，人類距離自然越來越遠的寂寞，在做對地球重要而有意義的事卻無人理解的寂寞，也是網路上，人類無法分辨好壞善惡，是非殞落的寂寞。我想，那是吳金黛落淚的理由。

（原載於二〇一六年十月，非常木蘭）

後記：聽眾敲碗多年，繼一九九九年的「森林狂想曲」，吳金黛終於在二〇二一年底推出新作「萬籟的絮語」，並入圍第三十三屆金曲獎。

「萬籟的絮語」以募資方案達標出版，萃取吳金黛二十多年來的採集精華，北歐冷冽的風聲，冰河碎裂的聲音，東非馬賽族十五年一遇的成年慶典聲，小琉球的海聲，台灣爺蟬的鳴叫……繼續引領人們用耳朵去認識世界，守護自然。

不做放射師做野人

追蹤師李後璁

李後璁真正明白他活在世上的任務，既是工作也是生活，他要成為一個通道，一個大自然的翻譯者，每一年「山鹿」的活動便以「真實的自然生活」為核心。

滄桑的中華得利卡「庫拉號」，光腳踩油門，說要帶我去一個離土城捷運站不遠的好地方。行過十幾分鐘的山路，車停在一家唱著卡拉OK的餐廳旁。沒關係，他說，上了階梯，轉幾個彎，就聽不見了。

他一月才剛辦了一場戶外婚禮，「自此找到棲地，不再拒絕城市。」這是妻子張茵嘉對他的意義。

「先介紹這個樹朋友給你認識，」一路光腳像某種動物，新郎帶我們來到一棵大樹下，很溫柔的勸我把鞋子脫掉，襪子脫掉，吸氣吐氣、吸氣吐氣，聽風的聲音，觸摸樹幹的紋理，感受泥土和小草，然後找個最舒服的角度躺下，安靜下來，一直到與自然的頻率趨向一致。

「這是什麼樹？」但我忍不住問。他彷彿沒聽見，自顧自的，以一種跳舞的姿態，匍匐、爬行、轉身，吟唱古調，爬上樹眺望又爬下來如某種儀式，「現在可以了。」他說。我猜想他已經取得樹的允諾，我們可以坐在這邊說故事了。

「女王，這棵樹我稱呼她為女王。」他終於間接回答我的問題。

不只一次自問為什麼到山上

過去三十天，李後璁只有四天在山下，在山上的日子，多半又濕又冷，煩躁到他不只一次自問為什麼要到山上？後來忽然轉念，想到二〇一二年在紐澤西追蹤師學校時，印地安老爺爺與孫子的對話，以及布農族的信仰。

我心中有兩匹狼，一匹怨怒、憤恨、不安，一匹寬厚、穩定、包容。爺爺對孫子說。

哪一匹狼比較強呢？孫子問。

我餵養的那一隻。爺爺回答。

布農族也相信每一個人都有兩個靈，左肩的靈導引人走向著粗暴、貪婪、氣憤那一端，右肩的靈通往慷慨、利他、友善，兩個靈的力量一樣大，但可以透過後天的訓練讓右肩的靈壯大。

「是啊這正是我餵養我的狼的時候，」一念轉心轉，內心隨即燃起一把火，並衷心感謝這大自然的贈禮。

十多年了，李後璁一直在學習與分享的奇幻旅程上，如果要給這段旅程一個起點，應該是和妹妹李怡臻兩人單騎四千公里，重返大唐玄奘取經之路那一年。

「有沒有一件事，就算可能死掉我也要去做，比生命更重要的？」那一年，二〇〇九，快三十歲的李後璁問自己。

那時他是博仁醫院的放射師，工作穩定，一輩子服務病人並沒有不好，但他很迷惘，那不是他理想的生命狀態，很深的內在有一種飢渴從未被填滿，總有什麼在召喚他。

存在靈魂裡的密碼

飢渴從何而來很難說明，也許是基因，也許是某種存在靈魂裡的密碼。

國中時迷惘就與李後璁同行了。他讀放牛班，每天混日子，直到老爸警告如果不考上公立的「就得和我一起去做工」。老爸做馬路標線，很辛苦，當過跟班的他當然不願意去，只能認真讀書，考上國立的淡水商工自動控制科，然後繼續耍廢，沉迷電玩，第一年就留級了。

那時候的他很不喜歡自己的名字，後璁後璁向後衝，經常這樣被同學取笑。

和同世代的人一樣，李後璁被封閉在讀書工作的體制裡，留級了只好再努力一次，考上慈濟技術學院放射技術系後，未來的路好像被確定了，但那年暑假，因為沒去打工，也太無聊，他便和朋友騎車環島，「那是我第一次到高雄，第一次到花蓮，騎過北海岸的一個隧道，大海忽然展開在我面前。」

世界變大了，而且可以透過自己的力量，讓身體帶著自己上山下海，這樣的時刻，他又剛好遇到一本書，《阿拉斯加之死》（*Into the Wild*），是一個年輕人克里斯走入荒野追求自由，最後被發現死在阿拉斯加一輛廢棄巴士內的真實故事。一顆種子從此落土，慢慢發芽，最後長出一個「千里絲路行」的夢想。

為了夢想，李後璁每天來回騎八十分鐘車到醫院上班，經歷四次單車環島加上一次徒步環島，每年參加鐵人三項，考取緊急救護員執照，自修學習單車維修……還寫了詳盡的計畫書參加徵選。

樹德科技大學築夢計畫徵選（當時妹妹李怡臻就讀樹德科大），落選。

雲門流浪者計畫徵選，失敗。

客家委員會築夢計畫徵選，落選。

沒錢沒人脈，兄妹倆就拿著計畫書進攻自行車展與運動休閒展，自己找路，最後與四家廠商談定合作方案，沒想到出發前兩個月新疆發生維吾爾人七五之亂，漢人死傷數千，廠商判定風險太高，贊助喊卡。

震撼到刻進靈魂的經驗

便是在此時此刻，李後璁問自己，有沒有一件事是比生命更重要，不去做會不甘心的？

死也要死的甘心。在醫院，他看過太多不甘心的眼神，未曾品嘗活著的感覺就死去。他下定決心，非去不可，當下展開募款行動，從親戚五十下手，又把計畫公布到醫院網路，連在公車上都可以遊說一旁的陌生人，結果無數善意紛湧而來，院長請藥劑室提供藥品，一位不熟的同事把他拉到樓梯間，塞了五百元；之前沒見過面的藥劑室主任給了一個紅包，帥帥的丟下一句：「請代替我們去完成夢想。」

總共有一百七十六個人拔刀相助，也因為這個原因，李後璁決定無論騎到那裡，每天都要寫一封感謝信，每天上網，把發生的事情記錄下來。

其中最重要一段經歷是，有天他騎出印度的迷霧森林，眼前出現一大片河流，夕陽西下，風吹魚躍蟲鳴鳥叫，感官瞬間流入各種來自自然的聲音，整個人被自然包覆了，就是自然的一部分，那是他人生第一次體驗到深度的平靜。

如今回想，李後璁「感謝之前每一次的失敗」，失敗讓他確認「是不是真正想做這件事」，失敗讓他從「我」變成「我們」，背負著一百七十六個人的夢想而騎。這段旅程轉化了他，回到台灣，他受訓成為高山嚮導，也到荒野協會當志工，卻找不回在印度感受到的平靜，情緒起伏時聽聞竟有一所教導人如何與自然和諧共生的追蹤師學校時，啪啪啪，頭上的燈都亮起來了。

當人渴望學習，老師就會出現。如果你認為太困難放棄亦無不可，那是因為你不夠渴望。不過他必須先讀好英文，也必須回到診所做 part time 放射師賺錢，「我不是有才華的人，也不聰明，但只要找到我真正想做的事，我會非常的專心，完全不去思考後果的行動。」專心準備兩年，這一次幸運降臨，他獲得客委會贊助，二〇一二上路，到紐澤西拜見他的生命導師湯姆．布朗（Tom Brown），湯姆．布朗傳授從美洲原住民學習到的生存技術以及與大自然互動，依存的智慧，第一堂課就告訴來自世界各地的學生，把自己倒空，儼然禪宗。

三個月的課程再度轉化了李後璁，他學會鑽木取火，隱身潛行，學會閱讀荒野上的細微足跡。他不再害怕黑夜和飢餓，甚至主動要求解剖死於車禍的鹿，一開始並不知這是隻即將生產的母鹿，當獵刀劃開子宮，破掉的羊水包覆著兩隻已成型的小鹿，這是震撼到深深刻進靈魂的經驗，他後來給自己取的名字，成立的工作室，就叫「山鹿」。

透過分享，快樂才會真實

課程結束後李後璁沒有立刻回台灣，他不要這只是一場體驗，「我想把我所學到的扎進生活，在日常中實踐，」於是去了加拿大的森林和湖泊，去了阿拉斯加荒野，進入克里斯死亡的那輛廢棄公車，野地求生一個多月。

阿拉斯加歸來，起初很不能適應，不知學到的東西如何應用，尤其家就住在轟隆隆的馬路邊，有個朋友陪他到土地公廟拜拜，人還沒進廟，李後璁一看到廟前的榕樹，樹上的青苔，松鼠爬過的痕跡，「天啊，這太美了，」忽然就哭了，被療癒了。

原本李後璁決定再出發去流浪，「我學的這麼爽，又還有那麼多地方不曾去過，新幾內亞、非洲、玻里尼西亞……。」但有兩件事留住了他，一是遇到一群傳承山林智慧與族群記憶的布農族人，跟著他們上山，「這讓我放下在美國所學到的，不再以為只有一種觀看世界的角度，只有一種走路的方式，」當時的他確實有點驕傲，「但其實是自卑，自卑我只會那麼一點東西，就必須把它放大，放到最大。」

第二件事，是他帶領一群華德福學校的五年級生爬玉山前山。他討厭趕路，孩子的體力也不夠好，就慢慢走，下山時已近黃昏，南玉山彷彿著火一般，他告訴孩子，這是動物出沒的時刻，安靜下來就有機會看到，一群孩子突然像被拔掉插頭，然後一個轉彎，夕陽金光浴滿全身，他停下腳步，合掌，默默感恩這無言大美，謝完恩正要繼續走，衣角被拉住了，一回頭，發現後面一整排的孩子也跟他一樣，雙手合十，「那畫面實在太美，那樣的快樂實在太深刻，超越快樂的快樂，超越我在印度河邊看到的，我們一樣被美撼動，一樣從土地長出來，地底下，根和根連在一起……。」

「透過分享，快樂才會真實。」他想起克里斯說過的一句話。

成為大自然的翻譯者

直到那一刻，李後璁真正明白自己想做，或者說是他活在世上的任務，既是工作也是生活，他要成為一個通道，一個大自然的翻譯者，每一年「山鹿」的活動便以「真實的自然生活」為核心，譬如去年夏天的「島遇——依海而生」，他帶領願意創造與冒險的青少年和成人到菲律賓海域，編織草蓆、辨識潮汐滋養的生命、手做釣魚陷阱、以鑽木取火的溫度煮食、划船……。

大家都說他是一個追蹤師，「但我不敢承認，我只是一個學徒，大自然裡一個小小的學生，永遠在學習，在流動，讓自己越來越柔軟，更包容，更善於等待……。」

現在他非常珍惜自己的名字，璁就是一塊打磨過的玉。他想召募更多的人，在某段時刻，一起像部落一樣活著，沒有過去，沒有未來，沒有很多的知識，但是有很多身體和大自然的互動。

「知識很重要，名字很重要，因為太重要，所以不能一開始就給答案。」

他始終沒有告訴我那棵樹的名字。

（原載於二〇一九年三月，《蘋果日報》蘋中人版）

一起飆鳥，直到地老天荒

台灣賞鳥紀錄保持人蔡牧起、薛綺蓮

看到目標鳥的快樂，蔡牧起如此形容：「那一刻，一切都消失了，人世間只有這隻鳥，再沒有煩憂雜事困擾你，禪定狀態感受到的狂喜也或許就是這樣吧……。」

五九九八！五九九九！六〇〇〇！

二〇一七年二月二十四日黃昏，墨西哥聖布拉斯，蔡牧起、薛綺蓮夫婦搭乘小船沿著河道找鳥，一隻北方林鴟（鴟音同吃）停在枯枝頂端，同行隊友爆出歡呼，為了那隻鳥，更是為了這是蔡牧起生涯鳥種（life bird）來到六〇〇〇的非常時刻。

但同一時候，薛綺蓮的生涯鳥種數是五九八八，還需要努力增添十二種「生涯新種」

（Lifer）。

六〇〇〇是蔡牧起夫婦設定的賞鳥目標，「以前體力好時，看到亂草堆，她還在猶豫，我已經鑽進去了，所以記錄的鳥種比她多。」講起衝得比老婆快這件事，蔡牧起心情大好。

人生來到新的坎站

五個月後，在婆羅洲，薛綺蓮以一隻婆羅洲捕蛛鳥登上六〇〇〇天梯，這是他們一起看鳥的第三十二年，人生彷彿攀上峰頂，來到一個新的坎站，往前是足跡踏印過半個地球的飆鳥時光，是一年一本，堆疊起來如小山的賞鳥紀錄簿，以及一百九十一篇部落格文章。

往後呢？在埔里的家中，擔任「蔡鳥家族」發言人的蔡牧起盤點他現在的生活：每星期有一天回到梅峰農場，重新把荒廢的多肉植物種回來，一天到台中科博館當志工，經常有演講邀約，他也主動帶領埔里籃城社區的媽媽看鳥，教導如何以植物和水營造吸引鳥來的環境，「看鳥讓我這麼享受，這麼快樂，為什麼不讓更多人知道，大家一起來？」

當志工，回饋社區，這讓蔡牧起有一種腳踩在自家土地的踏實感。

薛綺蓮則是每天從家裡出發，把鳥況頗佳的鄰居慈濟基金會設為熱點，徒步約一公里，記錄聽見或看到的鳥，並上傳到 eBird Taiwan，就算不在埔里也一樣，人在哪裡就記錄哪裡的鳥，至今四百多天不曾間斷。

eBird 是全世界最大的賞鳥紀錄資料庫及共享平台，eBird Taiwan 則是四年前建立的台灣入口網站，繁體中文版，得此神兵利器，蔡牧起夫婦一開始就積極使用，目前上傳鳥種紀錄世界分別排名第二十四、二十五名。

蔡牧起解釋，這就是結合眾人力量幫忙累積，貢獻一份生態資料的公民科學家，單單看一天兩天的紀錄沒有意義，但長期累積下來便是大數據，可以看出趨勢與變化，譬如麻雀數量有沒有下降，或者黑冠麻鷺是否多到把蚯蚓吃光光？

興趣是沒有道理的

「等下我帶你們去慈濟看黑冠麻鷺育雛。」薛綺蓮打開手機讓我們看她當天早上走的路

線，短短兩百六十公尺就記錄十一筆資料。

為什麼看鳥？又是怎樣的瘋狂，起肖，必須給自己設定一個難以企及的目標？

「興趣是沒有道理的。」蔡牧起的答案就這麼簡單。

緣分沒有道理，興趣也沒有道理。蔡牧起出生在鹿港小鎮，美軍大轟炸台灣那一年，父親從春秋四大名將白起、王翦、廉頗、李牧找到靈感，給兒子取了一個「有鎮壓效果」的名字，薛綺蓮則是金門人，小學四年級渡海來台北，命運將兩人牽往同一個方向，成為台大園藝系班對。

那真的是一腔熱血，二十八歲那年蔡牧起離開台北農業改良場，跟隨園藝系老師康有德來到南投仁愛鄉台大附設的山地實驗農場梅峰墾荒，「當時這裡就只是一片荒地」，薛綺蓮則從士林園藝試驗所轉到霧社的仁愛高農擔任園藝科老師。霧社沒有娛樂生活，但從霧社經過清境到梅峰的台十四甲鳥鳴不絕，從小就善於吹口哨的蔡牧起聽著聽著，竟然也可以模仿吹出牠們的曲調，一股想要認識牠們的渴望如文火燜燒，一直燒到生活安定下來的十二年後，一覺醒來跌進賞鳥的萬丈深淵。

那年蔡牧起四十歲，薛綺蓮小他一歲，台灣賞鳥風氣剛萌芽，連一本鳥類圖鑑也沒有，夫妻倆靠著望遠鏡和《日本鳥類圖鑑》學習辨認看到的鳥，辨識越多，越是魂牽夢繫，最廣為人知的一段故事是，當時兒子九歲，女兒十歲，每周六中午，還沒到放學時間，爸媽就把車開到學校門口等他們，接到小孩後直奔賞鳥點，晚上的旅館房間便是小孩做功課的地方。

人生風景從此大洗牌

賞鳥，讓人生風景從此大洗牌，許多年後，蔡牧起創立南投野鳥學會，五十五歲夫婦倆就先後退休專心賞鳥，而兒子蔡若詩考上台大森林系，跟隨老師袁孝維在棲蘭山研究鳥類的傳播，再留學美國念博士，現任教嘉義大學，教授鳥類學、鳥類生態保育，二〇一七年開始透過衛星發報器追蹤草鴞至今。二〇一九年三月舉辦的大雪山賞鳥大賽親子組，蔡牧起夫婦聯手兩個外孫女所向無敵，真正台灣第一飆鳥家族無誤。

賞鳥人是一群神經不正常的肖ㄟ，蔡牧起記得有一次在大雪山，進廁所尿尿的男生從廁所窗戶看到藍腹鷴，接下來，女生也衝進男廁，一行人就在小便斗前有滋有味地欣賞。

第一次的中國大陸賞鳥是到西雙版納，地陪正對著一群台灣來的賞鳥人講中國國歌作者田漢與聶耳的故事，一肚子學問如水瀑傾倒而出，忽然不遠處一棵松樹傳來鳥鳴，聽眾像聽到某種暗號，咻一下各自飛奔過去，徒留地陪愣在當場，從頭到尾不知發生何事。

從菲律賓巴拉望帶回來的紀念品則是瘧疾，而新幾內亞是蔡牧起夫婦認為最艱難的賞鳥之地，「有些地方簡直還在石器時代，」雨鞋一穿就是十多天，爛泥暨蚊蟲永遠同在，洗澡必須到河裡，「但是怎麼辨？有些鳥就是那裡才有。」

有些鳥，譬如西巴布亞新幾內亞的威氏極樂鳥（bird-of-paradise，又名天堂鳥），就是蔡牧起生平所見「最最讓人驚豔、讚嘆、奇特的種類，簡直太不可思議了。」

依蔡牧起的界定，偶爾去看鳥，一有空就去看鳥，這都還不算是真正的賞鳥人，真正的賞鳥人不會只迷戀美麗的鳥，他們會用檢索表記錄所看過的鳥，他們鍵有一張全球鳥類地圖，並且有計畫的，一科一科的去追逐和填補。他們尋找高端、珍稀的鳥，甚至從未被命名的鳥，探討層級不只有種、鳥名，公或母，而是次階的亞種。

至於看到目標鳥的快樂，蔡牧起如此形容：「那一刻，一切都消失了，人世間只有這隻鳥，再沒有煩憂雜事困擾你，禪定狀態感受到的狂喜也或許就是這樣吧……。」

為體驗這種會上癮的「解脫的幸福」，蔡牧起夫婦燒光了薪水和退休金。

然後，蔡牧起自以為出師了，直到學者劉小如號召他、丁宗蘇、方偉宏、林文宏和顏重威等台灣五大鳥人撰寫《台灣鳥類誌》，他才驚覺「追了那麼多年鳥，我好像什麼都不懂」。整整六年，蔡牧起寫出近二十萬字，經常為兩句話翻查三小時資料，眼力嚴重退化，「但寫完後看鳥的視野又不一樣了，跳了一階。」

台灣賞鳥紀錄保持人

台灣實乃賞鳥天堂是也。

根據中華野鳥學會二〇一八年底報告，台灣特有種鳥類已增至二十九種，記錄六百六十三種鳥類，包括明星鳥種如黑面琵鷺、八色鶇（鶇音同東）、黑嘴端鳳頭燕鷗、帝雉、藍腹鷴，賞鳥本錢雄厚，但為何一直無法吸引更多外國人來賞鳥觀光，把錢留下，「因為保育人士和拍鳥人極端對立。」蔡牧起直指核心。

極端的保育人士無法容忍「不自然」的放鳥音、餵鳥，為拍攝美麗畫面而造景，但除非干擾育雛，不尊重自然，蔡牧起認為這些對整體生態、族群數量影響不大，「都是小事」，到過海外賞鳥的人都知道，鳥導若不適時的放鳥音或錄下鳥音再回播，賞鳥人可能空手而返，同理，當外國人來台灣賞鳥，台灣也必須能夠端出所謂的「藍腹鷴保證班」、「八色鶇保證班」，「不過這最好由公家單位來執行。」

「真正導致族群數量下降的元兇是毫無節制的開發，及消失的棲地。」蔡牧起說。

生涯鳥種六〇〇〇至今，蔡牧起、薛綺蓮是「台灣賞鳥紀錄保持人」，台灣六百六十三種鳥類，薛綺蓮跑得勤，看過五百三十六種，蔡牧起是五百二十四種，同樣驚人，之後兩人又去了一趟宣示為「畢業旅行」的南極，然而金盆洗手談何容易啊，他們一再破戒，去了廣西弄崗，又去了緬甸和柬埔寨，持續三十四年的賞鳥行動形成頑固的，抗拒被改變的慣性，「那是我們的大半輩子，我們的人生故事啊！」有天兩人在家打電腦，整理資料，忽聞台灣藍鵲叫聲，這在中部並不常見，於是眼神一對，一個字都不必說，兩個人一起衝出去。

「所以鳥還是要繼續看下去嘍？」我問。

「嗯——當然要。」蔡牧起大笑。「地球上一萬一千多種鳥，我們還有四千種沒看過呢！」

「更老的時候，我們就坐著輪椅去看。」又補上一句。

薛綺蓮也笑了，揹起望遠鏡說：「走，我們該去看黑冠麻鷺育雛了！」

（原載於二〇一九年七月，《蘋果日報》蘋中人版）

後記：截至二〇二二年八月，蔡牧起生涯鳥種六千三百四十七，薛綺蓮六千三百三十五。

● 生涯新種（Lifer）& 生涯鳥種（life bird）

首次目擊的新鳥，賞鳥圈稱為「生涯新種」，此後重複看到即不計入，累積新種，不斷堆高「生涯鳥種」，也就是所看過的鳥種，是多數賞鳥人追求的目標。

● 蔡牧起的賞鳥建議

賞鳥不同於拍鳥。為拍下驚世之作，拍鳥人可以半夜卡位，可以蹲坐一整天等待某一隻鳥，某一瞬的姿態。但賞鳥人習慣揹著望遠鏡到處找鳥，拍照只是留下紀錄。

1. 首先要有一支放大倍率七～十的雙筒望遠鏡，可以由低階款入手，確定會長期賞鳥之後再升級。
2. 買一本鳥類圖鑑，熟悉賞鳥名詞並了解賞鳥守則。
3. 參加各地鳥會例行活動，學習辨識鳥聲及其習性。

●台灣特有種鳥

〈二〇二〇年台灣鳥類名錄〉記錄有二十九種台灣台灣特有種，增加兩種，二〇二一年再增加一種，總共三十種。分別是：台灣山鷓鴣（深山竹雞）、藍腹鷴、台灣紫嘯鶇、白耳畫眉、台灣藍鵲、黃胸藪眉（藪鳥）、烏頭翁、黃山雀、黑長尾雉（帝雉）、栗背林鴝、台灣噪眉（金翼白眉）、紋翼畫眉、冠羽畫眉、火冠戴菊、台灣叢樹鶯、五色鳥、台灣畫眉、台灣白喉噪眉、大彎嘴、小彎嘴、台灣鷦眉、褐頭花翼、棕噪眉、台灣朱雀、繡眼畫眉、台灣竹雞、赤腹山雀、白頭鶇、小翼鶇、台灣灰鷽。

我們總是這樣
一面為走鋼索的人喝采
讚嘆遠方風景奇崛
一面卻慶幸自己選擇了一條安全平穩的路
最多人走的那一條路
我們永遠無法體會
聽從內心的鼓聲
走上一條人跡罕至的路
可以獲得的最大獎賞
就是長成自由的人
開出自由的花……

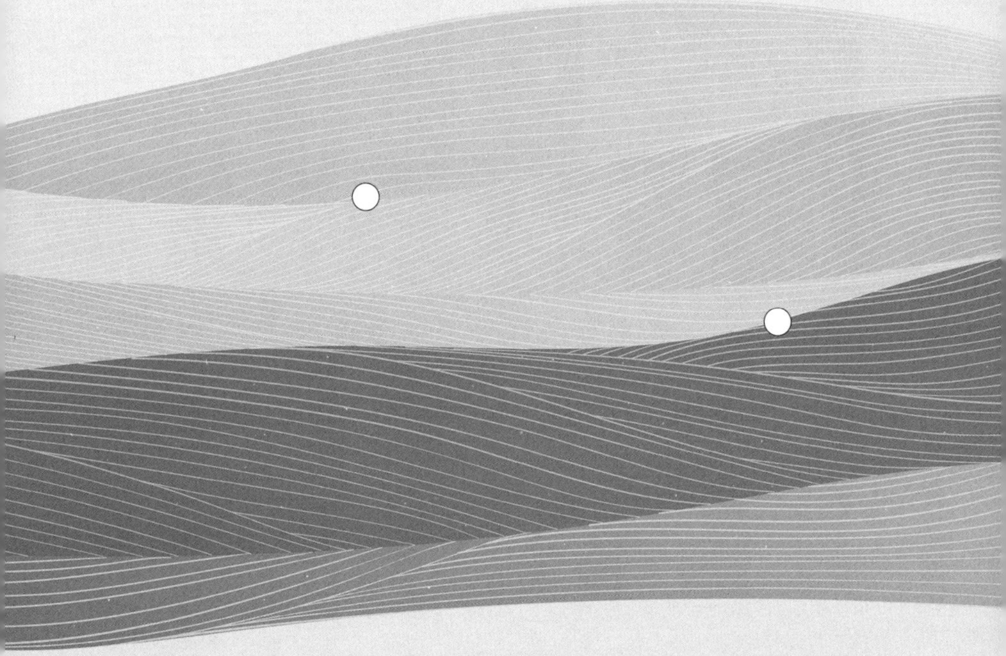

PART

3

他們，走一條人少的路，得自由

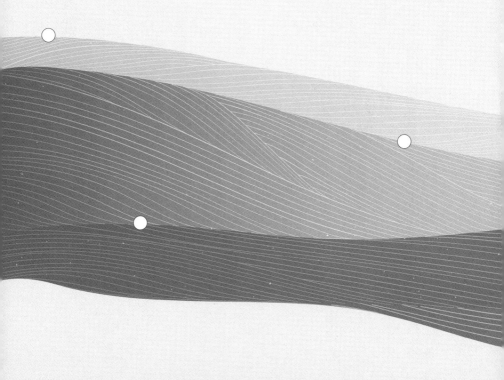

我不說故事，我的電影不是娛樂

做自己的蔡明亮

什麼都說，也什麼都沒有說；沒有問題，也沒有答案，是鏡花是水月，無非心的觀照，當蔡明亮這麼想，他心裡湧出一種幸福感。

應該是十幾年前的事了，蔡明亮第一次看到舉牌人。

那年代舉牌人販賣的是某種旅遊產品，不是房子，在車來人往的街頭，舉牌人的臉彷彿蒸發成看不見的氣體，他所舉的牌子取代了他的臉，他的身體。

蔡明亮心頭一震，悲涼掩覆，他想，什麼時候，我們的社會發展到窮人有一種工作叫做罰站，罰站一樣的拋棄尊嚴，販賣時間，一小時幾十塊一百元，一天八小時。

他看見，他記得，他有一連串的問號。十幾年後，在他的第十部電影《郊遊》裡，李康生變成了舉牌販賣豪宅的舉牌人，失去婚姻，失去工作，有兩個「寄居」在大賣場的孩子，電影裡有一幕，僅僅一幕，他用擠出全身悲憤的力氣引吭高唱〈滿江紅〉。不需要知道故事，那一幕，有一種天搖地動的力量，心臟猛烈敲擊胸口，有一些疼痛。

達志影像／提供

《郊遊》獲威尼斯影展評審團大獎後，回到台灣再獲二〇一三年第五十屆金馬獎最佳男主角獎和最佳導演獎，蔡明亮宣布，這可能是他最後一部電影了，「因為我厭倦了工作，厭倦了這個世界的某些價值觀。」

當然《郊遊》不能簡單歸納成「一個失業男人的故事」，它其實同時複雜到可以寫成一篇小論文探討，蔡明亮最終的目標是希望在美術館上映。「故事」或說劇本，從來不是蔡明亮電影的核心，「娛樂」更加不是。所有大眾所習慣所認定的電影，漂亮的主角、動人的音樂和完整的故事，蔡明亮的電影都極其稀薄、模糊，甚至降低到零。

蔡明亮的第一部電影，得到東京影展銅獎的《青少年哪吒》（一九九三）還是有故事的，帶著實驗意味的台灣新寫實電影，台北邊緣青少年的孤獨和感傷；隔年的《愛情萬歲》，他天不怕地不怕的只用了三個演員，不到一百句的對白，以接近角色的長鏡頭捕捉細節並捨棄嘈雜的配樂，說不上有什麼故事的故事，唯巨大的孤獨在緩慢的時間中迴盪、纏繞，最後讓觀眾帶著迷惑走出戲院，「蔡明亮風格」就此建立。

「我的電影不是商品」

《愛情萬歲》奪下了威尼斯影展金獅獎，此後的《河流》、《洞》、《你那邊幾點》、《不散》、《天邊一朵雲》，蔡明亮的電影在不同的國際大影展屢屢獲獎，國際聲望和高度確立，以致他不需要找拍片資金，資金總會自動找上門，「但我的電影不是商品，」他一字一字，緩緩吐出。

蔡明亮的電影不是商品，他不在乎票房，可每一部電影上檔前，他都會帶著演員到校園、街頭和夜市賣票，以及全省走透透宣傳，他確信茫茫人海中一定有人渴求看到「不同的東西」，被開發被填補被豐富，從而體會到時間的重量，他在呼喚那樣的人，願意學習欣賞，特別是有影響力的觀眾，有能力改變世界的某個菁英，所以「能多拉一個人進戲院就多拉一個人」。

於是有人說，如果你能忍受一部電影開演後二十分鐘演員沒有說一句話，能忍受電影結束時看著女主角對著鏡頭哭六分鐘，忍受一個戲院裡一千張椅子畫面，沒有事件發生，沒有劇情推展，本來有一個人坐在那，後來連人都走了，鏡頭停住，快轉幾分鐘仍然同一個畫面。能忍受這些，那麼你就可以欣賞蔡明亮的電影了。

二〇〇九年的《臉》則帶給觀眾更嚴重的挫折，還有人看到摔椅子，這是應法國羅浮宮之邀拍攝並典藏的電影，羅浮宮從全世界兩百位導演中挑選了蔡明亮，就是被蔡明亮對電影的概念，他整體的創作風格所吸引，蔡明亮也因此確立他未來的電影，將以成為美術館的典藏品為方向拍攝。

換句話說，看蔡明亮電影是需要做好文化和心理準備的，也因此他答應了印刻負責人初安民的邀書，出版《郊遊》，藉由文字稍微紓解大眾的疑問：「大家在想說，一個不賣座的導演，一個不紅的演員，一直拍這種好像不太能理解的電影到底在幹嗎？」

無論拍不拍電影，蔡明亮都是一個敏銳而獨特的人，一個天生的藝術家。

他是馬來西亞華人，至今拿的都是馬來西亞護照，開麵攤的父親嚴肅而沉默，但三歲以後蔡明亮就與外公外婆同住，兩位老人會輪流帶著他去看電影。每一次因為課業不好被父親帶回家，蔡明亮就躲在蚊帳裡幻想，幻想他和外公一起逃到深山，編織各種不同情節，有時自己還會被感動流下眼淚。

高中時期蔡明亮開始寫文章投稿，組織話劇社，寫廣播劇，二十歲，他帶著熱帶雨林的體質與對戲劇的狂熱來到台灣，進入文化大學戲劇系，大量的看電影，接觸了王小棣帶給他的「生活劇場」概念。

我不怕寂寞，我要做我自己

大二那年他看了楚浮的《四百擊》，當少年安瑞因為偷了父親的打字機和一群妓女被警車送往感化院，看著巴黎一直往後退去，安瑞抓著鐵窗掉下眼淚，那一瞬蔡明亮忽然明白了一件事，原來我們每一個人都是在和他的環境相處，與城市對話，我們捨不得的是那座城市，是某個年代的生活方式，而不是某一個人。於是他也明白了所謂「電影的力量」，明白了除了賺錢和虛榮，為何拍電影是值得的，一條以藝術為媒材以對映人生的路就在眼前展開，「人生，也許有九十九條路是熱鬧的，但只有那一條是我要走的，我不怕寂寞，我要做我自己。」

蔡明亮真的不怕寂寞，不怕走不一樣的路，他成立劇團，二十五歲那年就發表一齣長四十分鐘沒有一句對白的舞台劇《黑暗裡打不開的一扇門》，是台灣劇場碰觸男同性戀題材的先驅之一；他也用寫電視劇本、拍電視電影證明自己具備有「商業」和「大眾」的能力。

然後命運安排他在電動遊樂場遇到了不想考聯考的李康生。從電視單元劇《小孩》

（一九九一）開始，李康生進入蔡明亮的影像世界以及生活，然後再從電影《青少年哪吒》一路到《郊遊》，到舞台劇《只有你》、《玄奘》，蔡明亮的創作，除了李康生還是李康生，《郊遊》一書最受矚目的一章，也是他和李康生的對談。

「小康的那張臉。」蔡明亮後來慢慢整理出他持續拍電影的原因。「小康的那張臉，別人都看不到的，我看到了，二十多年來我就像栽種一棵樹，像培育稀有但脆弱的品種，一直到他無可取代，這是最了不起的。」然而李康生自己又如何認知呢？「事情不是因為認知而發展的，他的認知一點關係也沒有，一棵樹如何認知自己是一棵樹呢？」

蔡明亮看到了李康生的臉，糾纏著他對外公的思念對父親的記憶，還有時間慢速雕刻的痕跡，他的電影從這張臉出發，一開始就想打破框架，排除所有對電影的認知，我們所被灌輸的東西，但是那要拍什麼呢？

他以自己與李康生的對話為例，日常生活他們都不溝通，少數的對話，大致都像一個問「今天吃什麼？」一個回答「隨便」之類的；在片場，他也不想多說話，越來越少說，「我不要準確，喜歡曖昧，讓演員自己去想，不要被我引導。」

呈現「我所看見」

故事呢？蔡明亮認為，電影的故事千篇一律，戰爭、愛情、生老病死，所以說了又怎樣？了解了又怎樣？我們能夠改變這世界什麼嗎？電影能夠改變這世界什麼嗎？

歸結到最後，對蔡明亮來說，電影只有兩個重要元素，一個是影像的構圖；另一個是時間，前者更是電影的一切，就是電影美學，除此之外，其餘皆可拋。

這樣一層一層的思考，蔡明亮的電影便焦距在以準確的場景和嚴謹的構圖呈現「我所看見」。生活是連續或不連續的片段，吃飯、睡覺、發呆、大便、小便……一個動作某種行為的完成，他看見了。人生是一段拼拼湊湊的故事，多數時候是無意義的碎片，也是一個慢慢了悟的過程，他看見了。焦慮、黑暗、殘酷、荒涼，他看見了。如果生活是焦慮的，他的電影就表現焦慮，如果真相是殘酷的，他的電影就一樣的殘酷。

「所以我做的事非常簡單，就是我看見了，經歷了，希望你也看見，但我不能讓你知道什麼，明白什麼，你必須自己去知道，去明白。」

他有時候會把自己的電影類比成閱讀。一本書可以有多樣的詮釋，人們閱讀，通常不是為了娛樂，而是企圖從中得到某種東西，「看電影也一樣，人們以為要得到娛樂，其實真正想得到的是被啟發，去思考。」

一個人如果明白時間是什麼，會靜靜地欣賞天上的月亮，蔡明亮相信這樣就能夠欣賞他的電影。欣賞，而不是懂，就像欣賞一幅畫。

這樣就能夠接受李康生在舞台上走十七分鐘的路，就只是走路，什麼都沒有。

如果《郊遊》真的是蔡明亮最後一部電影，那麼八月初剛在中山堂光復廳搬演的舞台劇《玄奘》，可能就是觀眾最後的，最接近蔡明亮機會了。

二十年，就等這一刻

為什麼是玄奘？這真的就有一段故事了。五年前，蔡明亮接受蔡詩萍《華視新聞雜誌》專訪，節目最後的例行公事，就是給來賓一張紙，寫下一個願望。「我沒有願望，胸無大志。」蔡明亮拒絕，但製作單位苦苦逼迫，不得已，他隨手寫了一個「我希望將來拍玄奘」。他一直喜歡玄奘。

蔡明亮反覆閱讀玄奘傳記，每一次都受到不同程度的震動和啟發。對他來說，玄奘做的事情不可思議，卻也是一種巨大的反叛，反叛這個往人群移動的世界，踽踽走向沙漠，去印度取經，甚至把一群要砍他人頭的強盜渡化為善男子。

二〇一一年兩廳院找蔡明亮做獨角戲，他選了三個長期合作的演員，李康生當然是一個。蔡明亮給了李康生一個題目，要他演他自己，蔡的父親以及玄奘，這就是《只有你》。當李康生用十七分鐘走過半個舞台，舞台上就只有他的形體，以及走路所帶出來的張力，蔡明亮當場感動到眼前模糊成一片：「我等了你二十年，就是等這一刻。」

他看到李康生走路，緩慢、自信、從容，少年哪吒已然脫胎換骨，正在成為玄奘，走出一種玄奘的精神，慢，更慢，就是對快速時代最大的叛逆。

《只有你》啟動了蔡明亮往後三年的《慢走長征》系列創作，李康生化身為玄奘，披著袈裟西行走到布魯塞爾藝術節，走到維也納藝術節，然後回到二〇一四的台北藝術節，明年還要前進韓國光州。後來他問李康生走路時在想些什麼，「念《心經》。」李康生說。

《心經》蔡明亮很早以前就讀了，現在他常讀並抄寫《金剛經》。面對病痛，面對死亡，要不就是搭飛機的時候，人們常用讀經來自我安慰，安定心神，蔡明亮起初也是如此，

「我和經，有一種因緣讓我們靠近，」但漸漸的，他讀經讀到心生歡喜，終於了悟，開始不是為了求心安而讀，「因為根本不能求，因為一切都是虛幻，佛陀甚至告訴我們他什麼都沒有說。」

這似乎就是蔡明亮的電影了，什麼都說，也什麼都沒有說；沒有問題，也沒有答案，是鏡花是水月，無非心的觀照，當蔡明亮這麼想，他心裡湧出一種幸福感。馬來西亞滋養了他的童年，台灣給了他創作的自由。他的電影不賣錢，但二十多年來都有電影可拍，有一羣頻率相同的人相知相惜。他可以走進世界的核心，可以蒐藏以椅子為主的舊物，經營老派氣氛的蔡明亮咖啡走廊，整天聽鄧麗君，又生活於宛如廢墟的城市邊緣。

他想告訴世人，如果他真的不再拍電影了，不必想說他失去了戰場，怎麼辦好可憐噢，因為他正在快樂自由的過著想過的日子。如果有一天他又拍電影了，而且拍了商業片，也不用覺得他墮落了，他只是想玩一個不同的東西而已。

「凡所有相，皆是虛妄。若見諸相非相，則見如來。」他一步一步，進入《金剛經》，走向這樣的境界。

（原載於二〇一四年四月，《台灣光華雜誌》）

剪接心法以及修煉之路

台灣新電影保姆廖慶松

他花很多時間在指導學生、幫新世代導演看片子，也因為沒有框架和身段，「叫我去做剪接助理都可以，」修煉之路沒有盡頭，只要是新鮮，足以長出新枝新葉的剪接，他都躍躍欲試。

春日花開，北藝大的畢業製作正如火如荼進行著，廖慶松總是九點半到校，五點多離開，一整天幫學生看片，就連中飯也端盤餃子站著吃；總是回到家，癱坐下來，才發現嗓子沙啞掉了。

他一遍又一遍，傾盡全力的教學生如何調整影片，「最大的問題是，他們那個想法很

廖慶松／提供

好，但是根本做不到，拍不出來。」因為同一部片已經連看五、六星期，學生們大多已經膩到趴在桌上睡。「修掉這邊不好的部分」、「對，這裡要延長一下」、「把這段拉到前面試試」，廖慶松俯瞰江山一般的指揮調度，最後調整完再重頭看一遍時，昏睡的學生突然被嚇醒了，「怎麼會變成這樣？這不是我們看到厭的那部片子嗎？」、「啊啊啊太詭異了吧！」

確實很詭異，不過就是動了幾個地方，似乎也沒有用到什麼了不起的招數，演員就變得會演戲了，片子也重新被解釋了，彷彿腐朽與神奇，好與壞之間，只隔著薄薄的一張紙。

廖慶松心想，這就是剪接嘛。

「丟掉個人評斷，面對影像，一遍又一遍重複看，進入導演所拍的東西，把它的生命找出來，讓靈魂釋放出來。」對廖慶松來說，這就是剪接，撇開技術，他要的是「聽電影說話」、「找出影片應該有的樣子」，而不是「我認為它應該有的樣子」，這需要絕對的理性和百分百感性。

所以他經常告訴學生，面對影片，剪接師可以是一個參與者，完全浸泡進去，同時又可以全然抽離出來，絕對感性與絕對理性，並在光譜的兩端之間自由移動，選擇最適合的落點。

要面對現實，但又不能順服現實

剪接有多重要？大導演史蒂芬史匹柏說：「我是為剪接室而拍。」

剪接又是怎樣的一種工作？資深影評賈斯汀張（Justin Chang）是這麼說的：「打造與

形塑一場戲的情感內容，並影響觀眾的觀點，他是剪接室裡的思考家，建築師，可以摧毀或成就一部電影。」

廖慶松從來不想摧毀一部電影，「剪接要面對現實，但又不能順服現實，」他說：「所以一定要有一個堅固的決心，哪怕是拍爛了，也要把它救活，修到最好的狀態。」

賈斯汀張寫了一本《剪接師之路》，收錄了十七位國際級剪接金獎大師的訪談，其中一位，就是人稱廖桑，「台灣新電影保姆」的廖慶松。

「那是一條修煉之路啊！」回首近半世紀以來的剪接人生，採訪時廖慶松把這話重複了好幾次。「修煉」具載著烈焰焚身的意象，然而這兩個字每一次從他口中迸出，那神情都彷如聆聽到來自天堂的音樂，所有流過的淚吞下的苦澀都化為夜空閃閃發光的星子。

如果人生可以剪輯，廖慶松的剪接起始點應該落在哪一格呢？

也許就是一九七三年。那年二十三歲的他考進中影技術訓練班剪接組，當時報考的人多為科班出身，他是少數的一張白紙，結訓後就進入中影剪接室，做助理剪接，「有實務，沒理論」的老師傅帶著他在拍片現場看丁善璽拍《英烈千秋》和《八百壯士》。丁導習慣邊拍邊剪，三不五時丟出問題來考新鮮人小廖，「告訴我為什麼要這樣剪呢？」小廖當然就卡住了，但接下來丁導就會一一講解開示。

技巧熟悉了，但因為經驗不夠，廖慶松記得當時還是剪出了「我這一輩子最難看的片子」，還好只是用來練習的。

學習之路就這樣啟動，不斷犯錯，遇到老師，加上熾熱的心。

為什麼選擇剪接？「我從小愛看電影，看到畫面換來換去就覺得很開心。」廖慶松說。其實不僅止於開心，他的興趣濃烈到去用大觀戲院損壞的鏡頭來組裝自己的放映機；濃烈到在家看電視影集時，會動筆寫下影集的鏡頭清單（shot list）一一分析。

與「台灣新電影」相遇

進入中影不久，他就認識為中影拍「軍中小型康樂隊」紀錄片的侯孝賢，那是兩人合作的第一部片子，他們不知道，這樣的緣分會一直延續，從手工業時期延續到數位時代，延續到一起經歷台灣電影的盛衰起伏，再到彼此都成為一代電影大師。

侯孝賢導演的劇情片，從《在那河畔青草青》（一九八二）到《聶隱娘》（二〇一五），除了《童年往事》（一九八五），無一不是廖慶松擔任剪輯，然後成為監製和剪輯指導，「我們一起成長，他一直是我的老師，朋友和競爭者，我們性情相近，對同一個問題經常會有同樣的答案，有時連開會都不必了。」

人無所逃於時代的風。有人被吹得枝殘葉落，也有人順風飛翔，看得更高更遠，廖慶松是後者，回想起來，他自覺是「生對了時代」，剛好遇到「台灣新電影」。那一批新銳導演配上台北電影資料館辦的經典法國電影展，譬如《去年在馬倫巴》、《斷了氣》、《廣島之戀》，對廖慶松來說，那簡直就是震撼教育。

一九八二年，明驥出任中影總經理，把小野、吳念真找到中影企劃部，拉開台灣新電影運動序幕的《光陰的故事》就此誕生。

後來新銳導演的片子幾乎都由廖慶松剪，「他們不信任老剪接師，也無法溝通，」一年三百六十五天，他有兩百多天在剪接室，「所有人看到我，就是目光呆滯，安安靜靜，衣服也沒換，一副慘兮兮的模樣……。」慘兮兮的廖慶松知道自己像樹木一樣，慢慢在成長。

楊德昌、張毅、柯一正、陶德辰、萬仁、曾壯祥……每一位導演的每一部影片，《小畢的故事》、《海灘的一天》、《兒子的大玩偶》、《風櫃來的人》、《悲情城市》……都在刺激廖慶松，照見他的不足，甚至顛覆他最根本的敘事邏輯。「你不需要對觀眾解釋一切，只要整部片有相同的情感和詩意邏輯來維繫，那就沒有問題，觀眾是可以理解的。」這是法國新浪潮導演和台灣新銳導演告訴廖慶松的事。

透過電影，讓觀眾看到台灣人的生活樣貌、情感樣貌、歷史觀與價值觀，乃至去衝撞體制，碰觸禁忌，這也是廖慶松剪過的所謂「三廳電影」所無法觸及的。蓋好的房子要拆掉，體內的細胞得重新置換，「他們勾引出我努力向上的一種欲望。」

求知欲大噴發

其實那也是與廖慶松本質的碰撞，「我一直是一個想穿透混沌，把事情看得清清楚楚的人，而且凡事好奇，無限沉迷於『解決問題』。」

這樣的本質遇到的新銳導演，廖慶松求知欲大噴發，每剪完一部片，他就進入「海綿期」，「海綿期」的他大量的看書，心理學、哲學、宗教、中國詩詞……三民書局裡每一種類型的書他都看，後來發現沒照顧到電腦書，又去補了一疊回來啃，在那個還是DOS類的作業系統的年代。

每個導演好像都在和廖慶松比內力，他不想輸，有問題就要想辦法解決，只有躲到書本的深山裡去修煉。

剪《海灘的一天》，廖慶松體驗到何謂「把毛片當生命在看」，他實在太愛楊德昌的那個調子了。《悲情城市》則是廖慶松剪接人生的轉捩點。

其實《悲情城市》之前，廖慶松還導演過《期待你長大》和《海水正藍》，沒有人敢剪他的片子，只好自己剪，「情人眼裡出西施，剪自己拍的片子，總是會太自我，很痛苦。」

如果不是侯孝賢沒有照著劇本拍，而且不想把故事說清楚，如果不是剪接搭配讀書累積到了一個厚度，廖慶松都不可能面對找不到剪接點的超長毛片還不崩潰，並且還有空間去發展出「廖式詩化抒情的情感邏輯」，把影片和所讀的詩詞串連起來，特別是杜甫，「杜甫的詩教了我太多的剪接技巧。」

廖慶松於是認知到，影片永遠在考驗剪接師，但考驗的不是技巧，技巧是必備的，但「自我鍛鍊，自我培養的夠不夠」、「可以避開意識形態得有多徹底」，則是在剪接室之外要深蹲的馬步，一個按鈕就能修正影片的快時代，他認為年輕剪接師更應該在剪接之前，做足這些「慢的功夫」。

《悲情城市》把台灣電影帶到了威尼斯影展，奪下金獅獎，廖慶松當然在場。二〇〇七年，坎城影展六十周年，廖慶松是侯孝賢電影《紅氣球》的監製兼剪接指導，當然也去了。走在紅毯上，他想的不是自身的榮耀，「通常我是剪接完就放掉了，片子自有它的生命和成長方式，」而是希望有一天，台灣帶出去的是商業電影而不是小眾、文青的藝術電影，「商業電影故事難求，好的商業電影比好的藝術電影更難」廖慶松比誰都明白。

修煉之路沒有盡頭

二〇〇六年，廖慶松獲國家文藝獎，為他撰寫《電影靈魂的深度溝通者》一書的張靚蓓這樣觀察侯孝賢與廖慶松：「隨著年歲的增長，侯導是從生活到電影，廖桑是從讀書到生活；年輕的時候侯導嘻嘻哈哈，現在的廖桑嘻嘻哈哈。」

二〇一七年，現在的廖慶松還是嘻嘻哈哈，歡歡喜喜，是一種拚命打造建築後再將之拆解掉的「空無」，是練了一身功夫又全數忘記的隨手拈來，輕鬆自在，他花很多時間在指導學生、幫新世代導演看片子，也因為沒有框架和身段，「叫我去做剪接助理都可以，」修煉之路沒有盡頭，只要是新鮮，足以長出新枝新葉的剪接，他都躍躍欲試。

見山是山，見山不是山，見山又是山，六十七歲的廖慶松，登上了高峰，大師，但仍然還是那個小廖。

（原載於二〇一七年五月，《台灣光華雜誌》）

後記：廖慶松二〇一八年獲頒第五十五屆金馬獎特別貢獻獎。

最好的時光要來了

《願未央》朱天文

「一定要閱讀，書終將會成為人的支撐，你不再是單獨的存在。」她喊話。正是胸中書墨與寫作技藝，讓朱天文有了立足之地，安穩，定靜，紅塵是非不到我。

「反正這次我豁出去了。」朱天文說，笑出一種雨過天青的開朗。

向來很難被找到，傳說中的高冷女神作家／劇作家，這兩個月，不害怕把一輩子的話都講光光似的豁出去了，溫暖熱切，無所不談，還可以閒話家常聊一點吃泡麵和洗菜之類的廢話，「怎麼辦，我連洗菜都覺得浪費時間……。」她告訴我們。

而我們稀奇的看著她擱在桌上的諾基亞手機如研究出土古物。

《願未央》電影海報，目宿媒體／提供

紀錄片中，總是拒採訪者於門外的辛亥路朱家也終於曝光。

並沒有想像中的破落。

朱天文認真解釋，這其實都要歸功於她，「如果沒有我掌管重新粉刷作業，打掃看不見的邊邊角角，這屋大致來說就是個廢墟……。」

老屋子如今庇護著四位作家，朱天文朱天心姊妹，名分上是朱天心丈夫的謝材俊，他們的兒子謝海盟，加上已經移居天國的父親朱西甯母親劉慕沙。朱西甯過世後，「很自然，不需要討論的，」骨灰罈就一直放在劉慕沙床頭直到十多年後她也離世，有時貓就蹲在骨灰罈上頭，無人覺得這有什麼不妥或觸犯到什麼，「但父親其實也不在那裡面，父親在他的著作裡。」

不只有人的骨灰罈，還有貓族的。

朱天文回憶，一直以來，這就是個百無禁忌的家，收入甚儉，可月底米缸空了亦不憂慮，五湖四海的朋友流水一般的來，貓狗自由出入，植物任意生長，蜘蛛結網，萬物平等。父親母親對女兒們的教育名曰放牛吃草，成績一律不過問，大學畢業後沒去工作上班的，亦無發出任何「以後該怎麼辦」之類的親情勒索。

「他們敷衍著做父母，我們也敷衍著做女兒。」她結論道。

生命走到意想不到的彎岔之路

家可以有各種面貌，但這個無法以世俗定義，不像一家人的家人，還是有基本分工，朱天心負責洗衣兼朱天文的小秘書，把日日外出走路吸食的人間煙火帶回來分享給社會化嚴重不足的姊姊，「而我就是個檔案管理員。」蔡琴有一次到朱家玩，掃描一番後讚嘆，真是井然有序的家啊，所有的東西都在它們該在的位置。那一日朱天文就像做了很多家事終於有人細心看出來的家庭主婦，好欣慰。

總要有人買菜燒飯，謝材俊一肩擔下。

敷衍的理由，串起家人的那一根線，就是各自去讀書寫作，「像強碰在一個屋子裡的幾匹孤狼。」

讀書，寫作，開外掛照顧貓，時光靜靜流過，但生命總會走到意想不到的彎岔之路，對朱天文來說，這條路正是三年前開拍的紀錄片電影《願未央》。從點頭應允擔任導演那一刻起，她一路倒退往回走，走回到父親母親初識的青春，遇到了還沒有成為小說家的朱西甯，也還沒有翻譯日本文學的劉慕沙，以及他們奉為一生志業的文學夢想，那是「文學朱家」故事的胚胎期。

任務艱困如蜀道之難。傳主皆已不在人世，留下的影音資料幾近於零，而故事的男主角朱西甯，又是導演女兒曾經背叛過的父親，「辦三三之後父親寫的東西我是不看的。」《三三集刊》是七〇年代文青的聖堂。

張愛玲與胡蘭成的短暫姻緣乃華文文學史重量級外一章。朱西甯中學時代就著迷於張愛玲作品，以致後來供養過從日本來台教學的胡蘭成，而朱天文朱天心受影響之深，被植入「文章小道，壯夫不為也」價值觀。要做就做天下事，做公共知識分子，小說算老幾？胡蘭成遂成了朱天文「精神上的父親」。她崇拜過父親，但《八二三注》之後，再也沒有讀過父親的小說，「我們開始看輕小說，認定這只是工匠技藝。」

紀錄片逼迫朱天文揭開封印，她必須讀父親的書，或重讀或未曾讀過的，同時研究所有相關評論，吸收消化，寫成大綱，擬定受訪者名單，但卻要直到跌入父親母親的書信中，一再迷焦的紀錄片才找到敘述主調。

拍紀錄片拍成懺悔錄

那一疊書信，是父母親私奔結婚前上百封通信，檔案名曰「非情書」，朱西寧過世後，除了這批書信，其餘文學遺物皆捐給國家文學館，女兒們也一致同意，信件純屬個人隱私，後代無權翻看，但紀綠片缺乏影音資料實在進行不下去，「奉紀錄片之名」，她決意涉險走一趟不知是否能夠得到上帝原諒的路：拆開父母的「非情書」，以及父親一九四九年來台日記。

從結果論，好在朱天文越過了那一條線。她讀到母親說信已藏到無處可藏必須燒毀，而父親回信說，若還未燒掉可以寄還回來，保存到晚年，給我們的孩子讀，讓下一代知道我們曾經的經歷與奮鬥。

原來是願意讓我們讀的啊，朱天文彷彿看到了暗夜中的光。幾十萬字，承載的不只是父母的青春戀情，更多是對文學的堅定誓言，「就讓女兒輪流朗讀我挑選出來的書信吧，」紀錄片的敘述主調就這樣成立。

透過書信，朱天文讀到父親對文學的執念，信仰，文學不是為了回報，或者為名為利做的事，文學本身，就是應該做的事。

她想起小時候父親的身影，「那時候全家睡在一張大床上，半夜醒來，從蚊帳看出去，黑漆漆的屋子，一張像小書桌上亮著一盞小檯燈，父親背對著我們坐在那裡寫作……。」

朱西甯苦於寫作時間太少，這樣的現實對創作者太煎熬，如同酷刑，於是四十六歲那年便從軍職退休，全職寫作，而只要父親一動筆，「母親就有辦法讓家裡鴉雀無聲，沒有比寫作更重要的事，這個家裡每一個人都知道。」

「我對技藝情有獨鍾。」朱天文引用人類學家李維史陀的話。

她於是回頭理解並尊敬父親「一生只做一件事，實踐一種人生，日復一日錘鍊琢磨，一條路走到底」的工匠精神，「父親對小說家這件事充滿了意識和自覺，並且不斷實踐與嘗試，他的眼睛一直盯著現實，現代社會變化如此之大，怎麼可以用寫《鐵漿》、《旱魃》的語言來寫現代台灣社會？」

落幕時刻，朱西甯以「小說的冶金者」蓋棺論定。

所以到後來，「我覺得拍紀錄片拍成了懺悔錄，懺悔我們年輕時，乃至到中壯年，對父親作品的不看，以及小看他在做的事。」

我需要小說多過小說需要我

朱天文當然是小說家，但產量稀少，對於寫小說，也不曾立下生死不渝的契約。謝材俊就一直認為朱家姊妹「把重要的東西放在一邊」，距離「職業小說家」「永遠就差那麼一步。」但另一方面，受胡蘭成的啟發，政治經濟社會人類學……她們的閱讀光譜寬廣，知識肌肉結實，「也許這成就了我們的獨特性，可以寫到別人寫不到之處。」

十四年前出版《巫言》時，朱天文有短暫的覺醒，想要紀律的寫小說，像父親一樣每天到書桌前報到，「唯有寫小說，以小說這個容器，才可以讓妳對一件事情思索到幽微止盡處，也是至今為止妳所有的閱讀以及觀察的，一個出口……」這事她再明白不過「某個意義上，我需要小說多過小說需要我。」

理想很美麗，但後來又被編劇，做貓志工和TNR（社團法人臺北市支持流浪貓絕育計畫協會）打敗，接下來就是紀錄片了。

苦無時間，進行多年的小說《在民國的黃昏裡》，完成之日已不知何年何月……然而懺悔還是有用的，朱天文依稀看到了希望，「我覺得最好的時光現在就要來了。」她興奮得就像看到一朵從來不開的花開了。

此話從何說起？

為聯合報副刊寫〈致父親母親和他們的一代〉一文時，朱天文驚覺，原來只想寫一篇短文，一下筆卻發現可動用的背景知識多到不擇地皆可出，「到了六十多歲，也一路讀書讀到這個年紀，累積的資料庫夠大，該有的世故都有，該懂得人性複雜也懂，就像契訶夫說的，一個桌上的煙灰缸我都可以寫出一篇小說，我現在就處於這樣的狀態……。」

「所以一定要閱讀，書終將會成為人的支撐，你不再是單獨的存在。」她喊話。

正是胸中書墨與寫作技藝，讓朱天文有了立足之地，安穩，定靜，紅塵是非不到我。

她一點也沒在怕老，不化妝，拍攝宣傳海報不避諱臉上紋路，她怕的是沒有時間，沒有體力，「希望可以活到像楊絳的年紀，一百多歲，寫到生命的最後一刻……。」

如果有來世更好，「我恨不得有來世，不斷輪迴，在每一個輪迴中去嘗試，去鑽研某一門知識，做好一種行業，一生只走一條路。」

（原載於二〇二三年三月十五日，熟齡媒體 50+, http://www.fiftyplus.com.tw）

原來小蝦還在，一直都在

不馴服的朱天心

她寫，只因為「我看見，我記得」，而且「事情不是這樣的……」如果不寫作，話語權也被剝奪了，「我可能是一個精神病患吧？」朱天心笑笑說，很認真的神情。

老房子改造的咖啡館，朱天心比約定的時間早到，正在讀《左工二流誌：組織生活得出櫃書寫》，一本台灣左翼分子的個人自傳。她放下書，用濃重鼻音招呼。你不禁想起，遠一點的，她因為認同創黨理念而加入朱高正的社民黨。再近一點，有關於捕獸鋏是否要放進「槍砲彈藥管理條例」的公聽會。最近的，是去年的「秋鬥行腳」。

幾乎每一次都站在「政治正確」的對立面。

關於現實，面對民粹，依然那麼焦燥和憤怒嗎？讀過朱天心的人必然會接收到這樣的訊號。

「燃點還是很低，」她點頭承認，「但已經沒有年輕時那樣的血氣了。」

於是，她每一次看紀錄片《我記得》都會掉淚。

《我記得》電影海報，目宿媒體／提供

二〇二二年三月上映的《我記得》，主角是台灣文壇的傳奇姊妹朱天文與朱天心，「我們的關係，比較像一個文學共和國裡完糧納稅的公民。」也只有她們知道彼此有多大的不同。

「我對世態的變化太敏感，頗多的波動、掙

扎、搖擺、不平衡，對於認同的議題，若聞問者寡，就會站出來幫腔……。」這是朱天心。

朱天文則有一種內在的沉靜，篤定，不入世。有一度她想搬出去，離開廢墟一般的老屋，「後來還是繼續一起生活，」朱天心說：「天文知道，一旦獨居，就會像尼姑一樣的生活，沾不到人間煙火。」

朱天文不接受文學獎評審邀約，朱天心則會「為了去打掉贗品」前去。

三姊妹輪流照顧病榻上的父親朱西甯那段時間，風格迥異，「天文和父親就各看各的報或書，小妹天衣最母性，父親竟能接受她按摩，我很嚴厲，會逼著病人起來活動，鍛鍊腳力——回想起來，我以為我最堅強，以為我還十五歲，父親五十歲，不會老不會死，其實是最幼稚的那個……。」

血氣不再方剛

她對母親劉慕沙也是嚴厲要求，不准她整天和打球、合唱團朋友玩，荒廢翻譯，「我告訴她，因為我沒有把妳當成正常的媽媽，如果妳和別的老太太一樣，我就讓妳很好過，可妳不是，好的譯筆並不多……。」

後來和謝材俊結婚，做了海盟的媽媽，她也沒法扮演成正常的媽媽，孩子只要不冷死不餓死就好。

「天心對做一個家庭主婦毫無耐心。」朱天文說。

血氣不再方剛，於是每一看到鍾曉陽出現的畫面，她總忍不住掉淚。

那一年，香港長大的文藝少女鍾曉陽在中學的書展看到朱天心十七歲那年出版的《擊壤歌》，讀了第一頁第一句話，當場買回家，「躺在床上看得心裡又滿又亂」，決定寫信給作家——書中的小蝦，一封不回再寫一封，終於收到朱天心回信，再過沒多久，十七歲的她就拖著一卡皮箱飛來台灣，找到不過大她四歲的朱天心。

幾年後鍾曉陽以《停車暫借問》一書成名。

畫面中的她，白頭髮戴眼鏡，唸著《擊壤歌》，那段屬於小蝦純粹的青春，「而我不敢回頭看那書，會掉淚的原因是，那個熱情沒被打過折，沒撞到過現實，或被現實磨損的熱力，現在的我承受不了。」

那時候的朱天心「好愛這個世界」，燒燙燙的熱力火速而綿長的傳遞一代又一代，從台灣輻射到對岸，但如今她年過六十，寫下足以留在台灣文學史冊的小說《我記得》、《想我眷村的兄弟們》、《古都》；《獵人們》，《那貓那人那城》為街貓而寫；讓很多朋友中彈受傷的散文集《三十三年夢》……平均每三四年交出一本新作，正在進行的是關於外籍移工照護輪椅老人，一起逃亡的故事《且徐行》。

莫聽穿林打葉聲，何妨吟嘯且徐行。

小說家也終於來到了無論如何抗拒，都必得說出「到了我這個年紀」的那個年紀。

「我好懷念很容易就義憤填膺，路見不平的年紀，可是也真的活到對事情，對人性有更多理解的歲數，看太多就會原諒了，以前不肯放過不肯原諒的，現在都釋然了，想說誰到了這年紀不是這樣不是那樣……。」

血氣不再方剛，然而她的釋然卻不等於「此心到處悠然」。她仍舊努力抵抗著，對現實抵死不從，不肯馴服。

「惹人討厭」需要勇敢

「十五歲的不肯馴服是幼稚的，只會去對抗教官，去翻牆，但大家覺得好可愛；六十多歲的不肯馴服呢，就很惹人討厭了，不是應該扮演溫柔敦厚，優雅的長者，多多鼓勵人，與人為善……」「妳這樣不是很惹人討厭嗎？」這種勸退的話她聽到想把耳朵關起來。

「惹人討厭」需要勇敢，然而那樣的勇敢從何而來？

朱天心想了下說，「我都是負面表列。」

我不想像那個人。我不想成為那樣的人。我不想為了什麼而說出不想說的話。有些話現在該說就說，不必去想再等個幾年待我更有威望有信用了再說。人生苦短不要遷就這忍受那又害怕得罪哪一個。「所謂勇氣，一路剝落到最後，無非就是敢堅持不去做什麼。不能放，不能退，人一旦退一次，就會退兩次，退到最後，連原先在意的都忘記了，拋棄了，人就是這樣改變的，不知不覺，無聲無息……。」但即使如此，謝材俊還是嫌她不夠勇敢，不如他和兒子海盟。

她承認有染髮，戴隱形眼鏡，勇敢亦不如鍾曉陽。

朱天心的負面表列法同時也用於文學：文學不是大量生產的。文學不是人云亦云的。文學不是迎合社會主流價值的。文學不是自我重複的。文學，不應該讀來輕鬆有趣，入口即化。文學，時時刻刻在挑戰人們習以為常的想法，翻動，打亂井井有條的秩序。她選擇做一個不聽讀者的聲音，不看評論，不讀暢銷書的作家。

「背向讀者與評論，不是我倨傲，而是自知之明，關起來專心寫作都未必能寫得好，更何況頻頻回首，顧左右看東西？」她解釋。

她寫，只因為「我看見，我記得」，而且「事情不是這樣的……。」

所以《三十三年夢》被罵爆的那時候，她錄過一段影片，講了一段話，大意是說，對自己的要求，就是謹守散文的守則，把所有的真實寫下來，不考慮到任何隱私的部分，也不考慮到有些話會傷害到別人，包括很好的朋友。

於是她的寫作，也成了一路丟朋友，一路丟讀者的冒險之旅。

如果不寫作，話語權也被剝奪了，「我可能是一個精神病患吧？」朱天心笑笑說，很認真的神情。

能夠寫作是天賜的幸運，「世界上有什麼樣的一件事情，可以這麼的善待我，連我的缺點、火爆脾氣，也居然可以變成我的小說創作裡非常好的一個養分或是柴薪？」

除了走路，還有寶可夢

就連寶可夢都可以成為她創作的養分和柴薪。

《且徐行》的故事裡，看護移工帶著中風失語的老人逃到台東海邊，一起玩寶可夢，聽說這裡有玩家夢想的神獸乘龍拉普拉斯……她希望兩個被擠壓到最邊緣的人可以飛揚起來，找到那隻龍。

「我可是五十級的訓練師喔，去年就是了。」我們第一次看到朱天心歡樂的模樣。

何以忘憂？唯有閱讀。朱天文說。

朱天心的答案則是複數的，何以忘憂？除了閱讀，還有走路和寶可夢。

開始玩寶可夢那天，川普當選，很愛的一隻老貓走了，天灰地暗，海盟剛好有幾個帳號，就給了他媽一個，「我原來就是一個每天走十五公里的人，一邊走路一邊抓寶，一抓才發現這竟然這可以玩到忘我……。」

就這樣一路升級，期間因為玩得太專心摔過三次跤，「我那個摔跤姿勢是這樣……。」她做了一個撲倒在地而抓著手機的右手往前伸直以保護手機的動作。

哈哈哈哈，在場的人都大笑。

最顛峰的一日，她夥同寶友三人去走河堤，「一路像土匪似的把所有的道館都變成紅色。」

忽然間，小蝦回來了。

原來小蝦還在，一直都在。

（原載於二〇二一年三月二十日，熟齡媒體 50+, http://www.fiftyplus.com.tw）

開書店愛台灣

政大書城李銘輝

他深信，即使是網路時代，人們還是需要能夠真實體驗的書店，而書店，不應該屬於文化菁英，閱讀很平民，和吃飯睡覺一樣日常，「閱讀可以改變人生」他又強調了一遍。

我們約在台南的沙卡里巴，這是李銘輝的規則，既然來到台南採訪他，就要先和他吃一頓「台南人的早餐」，拚在地經濟，之後再到政大書城坐坐——柯文哲、林文青、阿滴&滴妹、張曼娟、顏擇雅……都到過這裡開簽書會或演講，每一場都嘛熱鬧滾滾。

如果時間足夠，李銘輝建議，書城樓上還有真善美劇院。

認識李銘輝的人都知道，二〇一五年底至今，他的人生又越過了三座山丘。

一是他得了一場大病，住院四十五天。肝膿瘍加上肺結核，其中十四天被關在隔離病房。

二是結束承租的台大店，政大書城完全退出台北。

三是好事，終於等到大兒子阿賢結婚。在台南辦桌，席開六十三桌，聘請郭長庚團隊辦了一場出十三道菜的最高規格喜宴，連飲料都是現打果汁喝到飽，不收禮金。

住院四十五天的思考

「你知道那四十五天我都在想什麼嗎？」他問我。

想退出江湖，遊山玩水？想兩個兒子幾時娶某，給他抱孫子？

「我把過去到現在，從頭到尾很仔細想了一遍，人生每一個關鍵的轉折點，那些奇特的際遇和精彩的片段；我在想閱讀如何改變我的人生，填補學歷的不足，我在思考台灣的圖書供應商制度，還有政大書城的下一步，有沒有可能找到新的經營模式來服務讀者？」

出院後，李銘輝聽從醫囑乖乖養病，早睡早起，散步走路，元氣一天一天恢復，丟掉

的體重回來了，進擊的霸氣也回來了，照樣全台走透透，行俠仗義，幫助過許多萍水相逢遇到困難的人，打電話約訪的那天，他正在和高雄夢時代討論十月十一日開始的特賣，其實特賣只是試水溫，藉由特賣，意在評估政大書城承接去年誠品撤離後的千坪空間的可能性。

新入主屏東火車站及轉運站商場的太平洋百貨，下個月也將有政大書城進駐。

讀者不買書，出版業哀鴻遍野，實體書店一家一家告別讀者，老大你還想要開多少家書店？做功德嗎？我問。

「哼哼這是你們這種沒有志氣的人在講的。」李銘輝生平最痛恨的，就是有人唱衰台灣，動不動就要為實體書店送終。

但他更生氣的是「帶頭搞破壞」的政府採購法，「書是有靈魂的，一本書不是一杯咖啡，圖書館用五折低價採購新書，這對出版社的戕害有多大，請他媽的書呆子政府官員思考一下好不好？」

從李銘輝的視角，眼下夢時代購物中心還缺了兩塊拼圖，一是大型書店，一是藝文電影院，「如果把這兩塊補上，把消費力夠強的中產階級吸進來，留住一整天，夢時代作為『一日生活點』的布局才算完整。」

所以，江湖還非常遼闊，但是要先吃飽卡有氣力工作，「現在是我身心最成熟的時候，我還有很多對自己好，對社會也有利益的事要做。」他說，揮揮手又叫老闆端來一尾馬頭魚，外加一顆「台南第一名的粽子」。

老派又實在的成功哲學

李銘輝是台灣圖書業界傳奇一號，他和天下遠見出版公司總經理林天來，「書店／文創女王」廖美立，並稱三個文化圈學歷最低的人，其中又以李銘輝最低，國中畢業，他就從故鄉彰化花壇北上謀生。

「我是領養來的小孩，雖然養父母疼入心，但實在沒有能力供我繼續讀書。」他很早就做好準備，十六歲上來台北，透過後火車站的職業介紹所，得到一個在「黎銘」（大和圖書前身）圖書公司捆書兼送書的工作，「我們這種低端人口往往有一種執著，踏入一種行業後，就努力的做，不會東看西看，不懂什麼叫做跳槽，老闆看到你的努力，就一直給你加薪水，你看到薪水越來越多，就更加倍的拚命，對吃苦長大的鄉下孩子來說，這款頭路一點都不苦啦。」

很老派，但又很實在的成功哲學。

起飛的七〇年代，《雄獅美術》創刊，白先勇《台北人》出版，黨外雜誌前仆後繼，李銘輝蹲下來慢慢的學，從捆書送書進階到發書補書，有空則讀書看雜誌，從長期與書店往來交涉他學習到書店經營的眉角，一種混搭江湖人、生意人以及文化人的個人風格逐漸形成，熬到三十八歲，大學也等於讀了七、八所，知識融合經驗轉化為做人處世的智慧，時候到了，他以黎銘圖書副理的身分「兼差」頂下政大的圖書消費合作社，終於有了屬於自己的事業，這就是習稱的「政大書城」。

那天是十二月二十五日，歡樂聖誕，一星期後他遭人設陷跳票，吞下近千萬債務。

往後一年李銘輝幾乎夜夜不成眠，隨時隨地都會冒出債主，為節省成本，星期日晚上他都獨自看店兼看書，以分期付款方式還債，三年後債務出清，換得業界恭恭敬敬喊他一聲「大哥」，同時也擦亮了政大書城「寬敞明亮×低價折扣×樸實親民」的招牌。

再站起來，揮棒的姿態也改變了

回頭看這一段，李銘輝總不忘感謝老天「讓我在還有力氣再拚一次的時候跌倒」，當他再站起來，揮棒的姿態也改變了。

政大店腳步站穩，李銘輝的書店人生進入第二局，為對抗書店的微薄利潤，他的策略，便是在人潮匯聚之處購買店面。置產，這是做生意必須有的「底」，但敢於在房地產低迷之際出手，靠的則是膽識與眼光，這就是師大店和南京店。最高峰的時候，政大、師大和南京三家店，一年營業額有一億四千萬。

台大店則是另外一個故事，當年是受天才書店之託接手設備，承租下來。

然而世事變化如風亂亂吹，二〇〇五年他失去「起家店」政大店經營權，客層一向穩定的師大店，業績則是穩定下滑，載浮載沉於虧損邊緣，必須面對的現實是，消費進入網路時代，台北的實體書店也已經飽和，「政大書城需要走出天龍國尋找新戰場」。

二〇〇七年他賣掉南西店，二〇一〇年又賣掉師大店，師大店的熄燈尤其讓愛書人心稀微，甚至落淚，失去政大書城的師大路等於失去了人文風景，而這兩家位於黃金地段的店面，一轉手讓李銘輝擁有億萬資產，從今以後可以過沒煩沒惱，幸福美滿的小日子。

除了傷感，當時網路上一片罵聲，說李銘輝根本是為賺錢而收掉書店，「我不是因為房價翻漲賣房子，實在是書店經營不下去了。」謾罵派有所不知，賣掉店面的同時，他已經有新的盤算，比賽進入第三局。

結束師大店後的那段日子，李銘輝逢人就講花蓮，從阿美族的馬太鞍濕地講到移民村，說起巴哥浪船屋的稻米時，眉飛色舞，忽然臉色一沉跳到二二八事件中與兩個兒子一起被槍決的張七郎，最後進入正題，「我要到花蓮創造商圈」。

效率也太驚人了，不過一年半，花蓮中山路上，花蓮高商正對面，一座斥資一億八千萬，樓面加起來上千坪的五層大樓，全新落成，「花掉的錢遠遠超過賣掉師大店」。

開書店是「愛台灣」的行動證明

開書店是李銘輝「愛台灣」的行動證明，真心告白，但這年頭開書店不可能賺錢，在商言商，總不能為理想傻傻賠錢賠到傾家蕩產，因此找到花蓮這塊建地時，他就開始想像一個「小誠品」的政大書城，把一樓租給便利商店，二樓文具行，三四樓是書店，五樓開民宿，採取異業結盟的複合式經營，事後證明，他的經營策略完全正確，花蓮店年年獲利，直到今年五月誠品生活進駐，書店業績雖然掉了兩成多，但靠著民宿和租金，以及到學校辦書展，還是可以維持平衡。

政大書城花蓮店是開疆拓土，從無到有，「完全按照自己的意願打造」，而台南店，則是老屋新造，從廢墟中重生的文化地標。

花蓮店開張不久，李銘輝開講的主題又換了，講來講去都是台南，台南的十鼓文化，奇美博物館，台南的藝術造街，台南的虱目魚丸、阿堂鹹粥、火燒蝦仁飯……「這是一座適合人們作夢、幹活、戀愛、結婚，悠然過活的好地方。」前輩作家葉石濤說。李銘輝深深著迷於這樣的台南氣味，有一天他站在西門路上，站在地主無力維修而封鎖的延平戲院大樓，也就是日據時代的宮古座原址面前，想像力轟轟隆隆啟動，他看見眼前有一間書店，有咖啡館，有表演空間，到第三天，「我就決定讓這棟荒廢二十年的大樓復活。」

他出手買下延平戲院大樓地下樓和一樓八百五十五坪，修樑補柱，翻土施肥，埋頭苦幹一年，繁華落盡的中西區飄出濃厚書香，台南市民無盡感激，讚嘆這書店「簡直就是廣闊的世外桃源」，老闆甚至不介意讀者窩在書店裡看一整天的書。

而阿賢，李銘輝的兒子，果然在這座城市戀愛，結婚。正因為政大書城打下地基，中影斥資上億，走懷舊風的真善美劇院今年二月開張，一切比李銘輝的想像，還要豐盛美好。

李銘輝繼續想像，花蓮和台南之後，他承認已經無力再以小商圈的概念開店，新的政大書城必須依附大賣場或百貨公司，先在高雄、台南和屏東，往後延伸至宜蘭、桃園甚至金門，他深信，即使是網路時代，人們還是需要能夠真實體驗的書店，而書店，不應該屬於文化菁英，閱讀很平民，和吃飯睡覺一樣日常，「閱讀可以改變人生」他又強調了一遍。

最後，李銘輝忽然神秘的笑了，問我：「我買了一百多萬漂流的牛樟木，猜猜看要做什麼？」

我搖搖頭。

「告訴妳，我要把它們擺在新開的書店裡，書香和木頭香啊……。」仰頭做了一個深呼吸的動作。

越過山丘的李銘輝沒有退出江湖，山的那一頭，新的書城正在等他。

（原載於二〇一八年十月，《蘋果日報》蘋中人版）

後記：李銘輝如願以償，已經抱到兩個孫子。恭喜恭喜！

我的書店是土地公廟

水準書局曾大福

對曾大福來說，生命中最重要的是書、電影、音樂、旅行，而書是宇宙的中心，生命燃燒的動力，本質上他是感性動物，但不可否認，他也有做生意的天分。

我走進水準書局的時候，老闆曾大福正在和一位客人聊天兼結帳，而這「結帳的動作」顯然已進行了好一段時間，感覺兩人就像久別重逢的故友正在溫習台灣政治變遷史，品評近代風雲人物，我正好從阿扁p.k.馬英九這段介入。

客人買的是兩套《百年追求》，「這套書我讀過，」終於我插上了話，老闆龍心大悅，把目標轉向我，但他手上的計算機一直沒開工，所以客人始終無法完成交易，我說老朋

友嘛多聊一下，「沒有沒有，我住紐西蘭，這是我們第一次見面啊！」客人連忙否認，並用一種求救的表情望向我，這時話題已跳到測字和美國的次貸風暴，一公尺外的店員小廖默默無聲地上架新書，面無表情。

曾大福的事蹟族繁不及備載，批踢踢看板 BOOK 激烈討論過「大家真的喜歡去水準書局買書嗎？」發文者曰；「買蘿蔔還硬要我買茄子，跟他說有茄子了還會再推銷洋蔥。」底下回應滔滔不絕。有人說要找正妹去結帳，折扣更低。有人撞見某讀者指名要買陳文茜，被罵到奪門而出。有人不喜歡老闆在蝴蝶頁蓋上「全國最便宜的書店」，當然也有人大推，認為水準人情味濃，尋寶勝地是也。總而言之，買書人的共識是，一踏進水準，意志如果不夠堅定，正常的情況，本來要來採買蘿蔔茄子的，都會追加洋蔥番茄金針菇花椰菜，最後因為菜籃子不夠深，老闆會說，那麼就不要蘿蔔茄子吧。

存活下來的哲學

因為曾大福，水準書局創造了台灣書店絕無僅有的風格，二〇一九年二月有貴客光臨，小英總統到此一口氣橫掃十九本書，曾大福「說大人者則藐之」，保持一貫強迫餵食好書之風，「我開書店四十八年，之前從來沒有一位文化長官、市長、立委、議員來買書。」他感嘆，聲線糊糊的，一團黑霧於頂上白髮飄來飄去。

總統為他帶來大約兩周的好生意，之後又掉回「SARS時期」，對實體書店來說，「SARS」的解藥從未被調製出來。

半個世紀，網路壓倒實體、臉書取代讀書、人工智慧置換人腦，遊戲規則不斷改變，舊有傳統碎了一地，但從光華商場到師大商圈，水準書局沒有變過，連重新裝潢都不曾，二十幾坪的書店自然老化，維持著七〇年代的骨肉，而曾大福彷彿自願守在洞穴裡的山頂洞人，或者扮演一個單挑風車巨人的唐吉訶德。

他是怎樣存活下來的？這是一個巨大的謎。

採訪曾大福確實是艱難的事，他的答題原則是，無論你問我什麼，我只說我想說的，從地平線到外星球。

譬如問他「書店生存之道」，這是基本題，必問，水準的存在正是網路時代的某種奇蹟。

「一本書可以改變人的一生，扭轉命運，我開書店是為了教育社會大眾，書店就是社區的土地公廟，不是為了營利，」他對「生存之道」有些過敏，便忽然一個大迴轉劈哩啪啦反問我看過《班傑明的奇幻旅程》嗎？《女人香》呢？《阿根廷別為我哭泣》、《海上鋼琴師》？《辛德勒的名單》？

我一直點頭，他很滿意，告訴我《阿根廷》他看了一百次，《班傑明》五十次，瑪丹娜來台灣開演唱會，他聽了兩場，席琳狄翁也聽了兩場，「我覺得我比李嘉誠還要富有。」

低價不等於銷量

「為什麼書要賣那麼便宜？」這是第二必問題。

「書太貴，會斷了很多人買的權利。」這題的答案意外命中紅心，但他真正想解釋的是「正妹折扣大」這件事。

江湖傳言，美眉越正折扣越低，曾大福啍說：「這是醜化我！」他真正給最多折扣的是長期捐血的人、護理人員、消防隊員、弱勢團體、原住民部落，以及各種各類的義工、志工，「我都照成本賣。」

他要我幫他宣傳，弱勢團體來買書，「買一箱我送三箱五箱。」

只是低價不等於銷量，《國家地理雜誌》他用一折兩折賣，但一個月只賣出一兩本。

曾野綾子的書，在曾大福看來等於「培養愛與善的能量」，他可以免費出借，不用考試不用寫心得報告，乏人問津，「又孤獨又心痛」。書局地下室堆滿他從銷毀邊緣搶救下來的書、絕版好書、雜誌和報紙，《曠野的聲音》就有一百多本，《壹週刊》從創刊號到最後一期，全部蒐藏，他深愛周刊裡的溫暖故事。

第三必問題：「為什麼要拚命推銷書？」

曾大福覺得這根本不是個問題，如果某一本書是「全世界最好看的書」，他理所當然要推銷，如果覺得老闆錯了，「我就送你歐洲來回機票，」反正話不投機半句多，不喜歡被推銷的人就不會再上門，緣深緣淺，就這樣，不成問題。

愛聽不聽無所謂，被人喜歡或討厭也無所謂，亞斯伯格人的特質之一，所以曾大福說他必須藉由採訪再澄清一件事。

兒子曾滙閎曾爆料老爸是亞斯伯格人，白紙黑字印在雜誌上，「我怎麼會是亞斯伯格呢？亞斯伯格只愛自己不愛眾生，我一輩子都愛著眾生啊！」曾大福鄭重否認。

他並沒有亂說。他捐錢拯救雛妓，多家出版社欠錢不還也不計較，「愛（書）到深處無怨尤」，因為出資義助「讀書共和國」度過難關，共和國旗下四十家出版社便由他掛發行人兼出版總監。還有，陳文茜罹癌，「我也是祝福，希望她好起來」。

曾滙閎如今也是書店一景，他學建築，留學義大利，熱愛閱讀，有一張花美男的臉配上習武人的胸肌，卻甘心情願來老爸的書店當店長，正式工作日都西裝領帶盛裝出場以「強化軟體」，採訪這一天他休息，穿T恤，怕形象歪掉堅持不肯拍照。

曾大福認為兒子繼承了他水瓶座「漫步在雲端」的基因。

幸福無關乎錢

必問題四，也是江湖傳言，曾大福擁有不少房地產，因此不必靠書店賺錢。

他怎麼回答呢？

「我跟你講一個更高層次的，」果然他又跳開，飄走了，「人生在世，所有的東西都是短暫擁有。」沒有承認也沒有否認。

幸福無關乎錢，高陽、董橋、席慕蓉、二月河、曾野綾子……他說閱讀帶給他「太多的好」，作家鄧美玲則是他的偶像，如今科學也證明大腦偏愛紙本書勝過螢幕，還有他好多年前一個人去京都旅行三十八天，搭廉航，住一晚五百元民宿，買一輛二手腳踏車代步，每天晃蕩至半夜才回到住處，「簡直太幸福了，」而那盛大的幸福只花掉他四萬多元。

跳躍與跳躍之間，最後我終於摸清楚，對曾大福來說，生命中最重要的是書、電影、音樂、旅行，而書是宇宙的中心，生命燃燒的動力，本質上他是感性動物，有偏執狂的文青。

但不可否認，他也有做生意的天分，「我的母親五歲就會賣米。」他說。

曾大福的父親是布商，母親身為雜貨店的孫女，五歲就會在市場賣米，曾大福自認他遺傳了母親做生意的天分，但也是環境所逼，這個生養了十個子女的家，因為父親為人作保背負巨大債務，帶給孩子不堪回首的幽暗歲月。

送報開啟了曾大福對閱讀的執迷。從小學到初中，天未亮他就到派報社等桃園客運把報紙送到大園，這必須等五十分鐘，那五十分鐘他會把前一天的報紙，從第一版到副刊恭敬讀完，如此七八年，寒暑假還加碼到台北推銷報紙，他會到福利站買贈品送給客人，這招很有效，業績衝第一，「所以我是報紙滋養大的。」

他大學讀公共衛生系，因為付不出學費而休學一年，為賺更多錢到粉味的咖啡店當小弟，大學畢業後考上醫官，才剛役畢，人生就和公衛一刀兩斷，他只想做他喜歡的事，就是賣書，但決定開書店的時候，身上只有八百元。八百元怎麼開書店？「孔明借東風你懂不懂？」他說。

他拿著出版社的目錄到學校招攬生意，給人登記，再回頭跟出版社批書，數量越多折扣越大，水準就是這樣開始的，有了實體店面後，跑三點半的日子也不算短，撐過七八年才開始賺到錢，畢竟他經歷過閱讀的黃金時代，而購買房地產是因為房東漲店租，一怒之下買下浦城街店面，然後又買了臨沂街的房子，第一次是機運，後來則是眼光，也因此才有能力為父親償還債務，照顧弟弟和姪子姪女，擔任出版社的救援天使，四十多年來送出去的書，「可能比一〇一還高」。

活在電腦時代之外

「我真正沒有看過比他更孝順，更照顧家裡的男人。」牽手李寶卿證明。

但曾大福自己日子過得十分清貧，每日吃兩餐，餐費超過兩百元便有罪惡感，移動就靠走路或騎腳踏車，「我沒有手機，是真的，沒有騙人。」

李寶卿最了曾大福的個性，雖然偶爾嗆他活在電腦時代之外，「孤陋寡聞」，但也就放他「做自己」，只有在丈夫發表政見至日月無光之際，會見義勇為跳出來斥喝：「曾先生，人家要問你書店，不、要、講、政、治！」

「我上輩子不知道欠他多少債。」她說。

「她是我的教練，我的法鼓山，我的菩薩，我跟她說，這世人，我們就是一起在書店修行。」他說。

最後，曾大福囑咐我一定要寫上幾件事：

第一：發票和樂透務必訂獎金上限，一夕致富是災難，會毀掉一個人。

第二：鈔票沒有靈魂，但若是能夠在鈔票上印諸子百家名言、菜根譚、唐詩宋詞、聖經經文等等等，就有了靈魂。

第三：請NCC管理亂七八糟，汙損眼睛和耳朵的頻道，最好把頻道讓給出版社認養，天天介紹好書。

第四：萬惡的地下錢莊一定要消滅，轉為微型銀行。

最後的最後，他說他想透過徵稿結集成一本《給總統（候選人）的一千個建言》，呼籲讀者踴躍投稿，每個人都寫下一件最希望總統做的事，一經錄取，當然回饋以書。

必須寫信，曾大福的洞穴裡沒有電腦。

（原載於二〇一九年四月，《蘋果日報》蘋中人版）

後記：二〇二二年春天，曾大福終於走出山洞，擁有人生的第一支手機，後知後覺的發現了另一個世界，於是被YouTube裡的日本老歌、台語老歌，以及各種人生智慧所綁架，當然也繼續努力賣書。

我是眼睛最小的頭目

山月村村長鄭明岡

深深介入太魯閣族人的人生，而他自己的人生，其實也被太魯閣族人置換了。他們成了沒有血緣關係的一家人，他則是比包容更包容的老頭目。

如果有上輩子，鄭明岡總是想，他一定是個原住民，而且貴為頭目，但可恨呀，這輩子他生而為漢人，還有一對小眼睛。

台灣有個太魯閣國家公園，太魯閣國家公園有個布洛灣（Bruwan，太魯閣族語，「回音」之意），布洛灣裡還有個山月村，而鄭明岡則是十六年多前自行宣布當選村長的山月村老闆，帶領四十名太魯閣族員工守護著山中旅店，二〇二〇年二月七日才從小英總統手中接過「優良觀光產業團體獎」，三星山月村與五星的亞緻、老爺並列。獎金五萬，鄭明岡早已宣告這屬於山月村一家人。

比原住民更像原住民

十六年多了，扣掉中橫路斷的日子——最長的一次是二十八天，幾乎每天晚上，鄭明岡都會出現在山月村晚餐後百分百「原」味的迎賓晚會，他是指揮、編舞、導演兼主持人，「就算只有一個客人我們也會為他表演」。五年前我第一次入住山月村，就被他那句「我是眼睛最小的頭目」戳中笑點，根本是胡瓜等級的綜藝人才，但說實在，他夾混在一大群原住民中手舞足蹈還真是突兀，像雞兔同籠，這也是他曾經認真考慮過到韓國割雙眼皮的原因。

「我這個外省老男人還真的去跟原舞者學過舞噢。」他嘻嘻笑說。

明岡比原住民更像原住民。鄭明岡的二姊，國家文學博士鄭明娳這樣說過。

每晚一小時半的表演，必有太魯閣族傳統樂器木琴和口簧琴，表演有時會凸槌，譬如

木琴的某根木頭鬆脫了，小舞者踏錯舞步，但是從頭到尾暖烘烘，歡樂爆棚，連聽不懂中文的老外都可以感受到。

五年來我每年都會至山月村住一晚，像候鳥回到度冬地，山月村並不是完美的旅店，藝術品風格很素人，服務人員也沒被訓練成「以客為尊」的過度有禮，整體來說還有多處未修飾的毛邊，但它就是長成這塊階地應該有的樣子，是現代性與大自然最柔軟的接觸與交融。

直到採訪前鄭明岡都不認識我這個回流客，再度看到他上台，已經不在第一時間出場主持了，棒子交給當晚負責烤肉的太魯閣勇士，有六個人輪流，他到下半段節目才以「老頭目」的角色現身。時光流逝，放到文化脈絡裡，意味著傳承與交棒的時間，越來越近了。

確實，再過四年，鄭明岡六十六歲，與太魯閣國家公園一綁二十年的約到期。會再投標嗎？我問鄭明岡。他的小眼睛忽然放大，灼灼有神，「當然，我正在培養幾個接班人，督促他們要存錢，是時候把經營權還給這塊土地的原來主人了——。」

三百年前太魯閣族人在布洛灣建立家園，三百年後，在資本主義商業邏輯的運作下，鄭明岡有一個夢想，就是讓在地化與獨特性的山月村重新屬於太魯閣族人。

夢想是慢慢長出來，從山朦朧月朦朧到逐漸聚焦，與夢想足以匹配的能力也是。

但無論台上或台下，鄭明岡看起來都太有活力，也太歡樂，以致他講起他一路逆風的成長故事，聽起來都像喜劇。

點子不斷的孩子王

他高雄出生，信奉天主教的軍人家庭，八個孩子的老五，小二那年父親空軍高砲退役後，被退輔會分發到竹東榮民醫院，除了功課很落漆與上面四個姊姊形成對照組外，鄭明岡的竹東童年可謂過得活色生香，飼養各種拐來的動物，自學木工打造木籠，最愛與班上的泰雅族同學爬山玩水，原住民族彷彿天生擁有運動超能力，而且不被要求功課，甚至連功課都不必寫，「我羨慕死他們啦。」

他是被教育體制遺落的小孩，國中分發到放牛班，打籃球蓋老師火鍋，老師就用一句「功課那麼爛」堵他。有一次和同學排排站對著牆壁小便被教官逮到，降旗時被罰在升旗台上學小狗撒尿一小時，妹妹放學回家後告狀，再挨老爸一頓藤條。他神經大條，沒有陰影或創傷，「反正做錯事就要被處罰。」

大抵上日子就這樣流過，在外一條龍，是點子不斷的孩子王，回到家一條蟲，兄弟姊妹個個品學兼優，他的地位低到塵埃裡，畢業後的唯一志願空軍幼校也沒考上，秉持著「人一定要有一技之長」信念，一個人來到台北當學徒，白天在工廠學冷凍空調，晚上讀西湖工商夜間部電工科，未來的路一點一點的打開了。

能想像一個十四歲的孩子，大過年時獨自在工廠值班，只是為了賺取兩百元來付學費嗎？這就是鄭明岡，國中畢業後就自食其力，但講起這段心酸往事，他得意得很——就因為我沒回家過年嘛，孩子王缺席，全家人加上左鄰右舍都覺得好無趣，哈哈哈，哈哈哈——。

畢業後去當兵，一抽抽到籤王，海軍陸戰隊三年，分發到莒拳隊，他也認為是可以克服的挑戰。有一年藝工大隊到軍中表演，氣氛嗨到不行，儀隊跳上台跟著扭腰擺臀，蛙人也跑上去，輸人不輸陣啊，他和幾個莒拳隊的也上台拚了，晚點名時教官喝道，今天上台的人給我出列！本以為這下慘了，沒想到教官接著說，你們幾個，放榮譽假去！

為何？「該要拿出來的時候就拿出來，該耍寶的時候就耍寶，這是教官當時說的。」這話鄭明岡永遠聽進去了，「後來經營山月村時，我就照這樣告訴我的員工。」

開啟飯店人生

退伍了，為向父親證明「沒出息的孩子也能賺錢」，他一舉考取甲級冷凍空調裝修技術士執照，這在今天還是年薪破百萬的專業，有了執照就想創業，沒想到跌了一跤，當時的他還是太單純，不理解人脈決定一切，努力半天都只能拿到轉包再轉包的小工程，兩年就把投資的錢賠光光，心情灰暗之際，瞥見報上台北福華徵冷凍空調師，去應徵，一試就中，從此開啟十一年的福華人生，「我不計較，從美工到鍋爐，配合學習旅館業的一切。」讓聖誕老公公從飯店中庭的水瀑滑下來就是鄭明岡的點子，他不知這叫做行銷企劃，不過是小時候愛東敲西打的發揚光大，後來轉戰花蓮美侖，已經不再只是工程部經理，而是創意魂大爆發的活動設計師，大事小事都要處理的副總經理。

墾丁老爺賣陽光，溪頭米堤賣空氣，鄭明岡企圖把美侖打造成「進入花蓮的起點」，建立一座世界唯一具有花蓮原住民特色的「文化大飯店」，於是他結識了全花蓮的原住民藝術家，與荒野協會合作設計套裝行程，首創強調環保的龍舟競賽，周年慶時還輪流招待弱勢團體，並設募款捐款箱，後者根本就是他從前公然向父親要錢幫更窮的同學付學費的升級版。

各種大小活動辦得虎虎生風，鄭明娳當時已經許久未見到弟弟，想他應該被社會摧殘成油腔滑調，不想再見到面，看到的卻是一個幾乎二十四小時都待在飯店工作的過動兒，過勞勞工，「仍然是一粒我喜歡的土豆。」

打造百分百太魯閣元素的旅店

改變來自一封來自太魯閣國家公園的公文。

國家公園在布洛灣蓋了三十二間「山月村」小木屋，希望交給旅館業者營運，期滿再重新招標，當時的條件是每月需交付定額權利金四十萬元，每一筆開出去的發票，除了繳稅，國家公園再抽三%，還不能使用瓦斯，除此之外，美命評估還需投入數千萬做汙水處理、防火牆和廚餘清運等等，試算結果是「不會賺錢」，但鄭明岡瘋魔般的愛上山月村，他想像著和太魯閣族人一起工作，一起打造出百分百太魯閣族元素的理想旅店，讓來自各地的旅客賴在村裡發呆，迷到愛到捨不得走人——。

無論莒拳或蛙人，表現最優的都是原住民；美命的服務生也是原住民最開朗。布洛灣原來就屬於太魯閣族，給太魯閣族一間全太魯閣族的旅店，那是他在美命做不到的事。

那麼財務報表就放一邊吧，鄭明岡決定孤注一擲，而當時唯一肯借他牌的只有立德旅館事業，他把台北房子賣掉，同時向兄弟姊妹募資，這是鄭明岡第一次開口請家人幫忙，再加上一位朋友拔刀相助，就這樣，二〇〇三年九月，標到最後只有兩家出標的山月村，自行宣布當選村長。

有兩萬多人的太魯閣族是原住民中的弱勢，鄭明岡以為找他們來工作並不難，籌備期間先在《更生日報》連登三天廣告，石沉大海，只好出動山月村所在地富世村村長幫忙，有十幾個人面試，卻都不符合他的條件，最後土法煉鋼，到俊男美女最多的 7-11 和加油站偷偷塞名片挖角，總算第一號應徵者許曉君出現，一個不想再待在醫院看生老病死的門諾醫院護理師，接下來就順暢多了。

曉君的男友，曉君的妹妹，堂哥堂妹，一個拉一個，一個走了，又會有另一個人遞補上來，熬過生意清淡的前五年，國內客人開始每年回流，歐美、新加坡、香港客人比率逐漸提高到三成，「當山豬遇上巴黎鐵塔」招牌風味餐蜚聲國際，收支終於可以達到平衡，山月村家族也開枝散葉。

沒有子女的鄭明岡兒孫滿堂，他參加他們的畢業典禮、結婚典禮，看著他們戀愛，當上父親母親，設立「山月村原住民關懷專案基金」，深深介入太魯閣族人的人生，而他自己的人生，其實也被太魯閣族人置換了。

他們成了沒有血緣關係的一家人，他則是比包容更包容的老頭目。

採訪那天天氣晴朗，夜晚的布洛灣星光閃閃，晚會後鄭明岡走出會場，拔出山刀指向天空說：「吼吼，五星級縣長算什麼？我可是滿天星的村長呢！」

（原載於二〇二〇年二月，《蘋果日報》蘋中人版）

科技CEO不悔的草編人生

「三摳」林三元

每一個人的出生都為完成某種任務而來，林三元相信。他重新定位草編，不是把妹工具或哄小孩的玩具，而是必須傳承之民藝，選擇了那條再也無法回到商人的路。

你可能看過林三元，認識的人都喊他「三摳」。

你真的很有可能看過三摳，頭髮半灰半白的阿伯，一張永遠保持溫暖笑容的臉，在大安森林公園、在中正紀念堂、在信義區香堤大道、在永樂市場、在士林官邸、在台灣博物館……神出鬼沒於每一個人潮如浪來如浪去的地方。

他總是背著背包大步的走來，找到一把可以安坐的椅子，拉開背包拉鍊，掏出「台北

街頭藝人 林三元」的名牌往脖子一掛，再把一個風吹日曬過的「打賞箱」朝地上一擺，熟練的抽出芒草或山棕或大王椰子葉，左邊一拗右邊一摺，三兩下就變出一隻魚、一隻鳥，功夫一點的話，則是一匹馬、一隻蛙，或一隻螃蟹。

街頭藝人的日常

路上行人總是趕著要去某個地方，有人匆匆一瞥繼續上路，但總也有人會好奇走近，最多的是蹲下來專注觀賞的孩子，孩子的好奇與笑容總是讓林三元感覺幸福。

他兩手忙碌地編，嘴巴同時還講個不停，「這是小時候媽媽教我的，現在我正在努力把它傳承下去……」，「好，怎麼樣讓小魚變大魚呢？翻過來，把剛剛的動作重複一遍，簡單的事不斷重複做，然後調整、修飾、定型，就和人生一樣，最後這條魚會乾枯掉，就像我們慢慢老去……。」其街頭講解可深可淺，可素簡可澎湃，國語台語夾雜，說英語嘛也通。

不上街頭的日子則填滿演講教學，台北的法鼓山、雙溪的茶花莊、各區的扶輪社……

一天可以發出十幾則動態消息，在臉書上根本過動大人。

以上，就是林三元去年三月退休，五月考上街頭藝人之後的日常。在此之前，他是中華電信基金會執行長，再更早，台灣微軟副總，更早的更早，拚創業搞投資，若是搭時光機回返人生的最初，他是出生在新北平溪的礦工之子。

平溪人最常講一句話：「入礦坑準備死，沒入歸家亡。」總歸都是拿命在拚，拚的是斷開下一代「入礦坑」的宿命。

翻身靠讀冊，林三元和三個妹妹的啟蒙教育皆由不識字的媽媽擔當。

不識字的媽媽如何教小孩？林三元

轉頭回望過去，看到了牆上的月曆加上一本注音符號簿，每個小孩都要仿寫，「寫歪了就重寫，再寫不好就跪著寫。」

遊戲當然也是必要，沒有玩具的年代，媽媽會用隨手取得的菅芒或芒萁編出牙刷、雨傘、小雞、小鴨、師公鈴鐺等等來支開黏在身邊吵鬧不停的小孩，小孩看著看著自然就會，「如果沒有記錯，我六歲時就會自己編了。」

雙溪、平溪以及不少北台灣鄉鎮的孩子都會草編，林三元推測可能與凱達格蘭族有關，之後隨著都市化的進程，與大自然日漸疏離而流失，禮失而求諸野，藝失則求之於偏鄉。

傳承「手把手」的學習

媽媽編，孩子學，這種「手把手」的學習，是後來林三元推廣草編最大的夢想，「我最想要的是爸爸或媽媽來學，親自教會孩子，這會變成親子之間難以斷裂的連結，以及永不退色的家族記憶……。」

不過距離那個「後來」還有一段漫長的歲月，那段歲月，草編之於林三元，不過是把妹工具，還有就是有了女兒後，他變成一個很會幫女兒編辮子的阿爸。

為了給小孩受更好的教育，林三元家搬到台北舊庄，父親繼續出入於北台灣各礦坑，沒人知曉天公伯到底要保庇誰，每一天都在和無法預知的死亡對賭，林三元姑姑生了五個兒子，有兩個進礦坑後就再也沒有走出來。

而林三元兄妹都是所謂「讀書的將才」，幸運的走在讀書軌道上，建中、北一女、中山女中、工專，他考上交大計算機工程系時，「還以為是要修理計算機的」，當時系上老師苦勸同學不要轉學不要轉系，他們描繪了一個美麗的未來，正是資訊科技人統領的宇宙。

考上大學那年，也是林三元第一次被父親帶進礦坑，六十四個工作日，「耳屎挖出來是黑的，痰吐出來是黑的，洗完澡是黑的，回家再洗一遍還是黑的。」他第一次明白父親工作的艱苦，以及作為一個男人必須扛起養家重擔，不得不放棄的自我。

環境迫使林三元必須更加努力，他航向偉大的航道，躍上時代的浪尖，在外商迪吉多賣電腦，也投資美股，一九九七年和同學一起登上《突破雜誌》，二〇〇〇年開到人生的第一部賓士。

那是投資準確，金錢就會從天上如雨落下的美好時光，林三元低價買進的一支網路電話股，不過五年，換算台幣，帳面上已經飆漲到兩億七八千萬元，當時明水路的豪宅一戶也不過上千萬。

成為有錢人是什麼滋味？「財富很誘惑人，就像魔戒，看到魔戒，我們就忘了一切，只想得到它。」林三元嘆一口長氣。

有錢人又是怎麼過日子呢？「就揮霍啊，打麻將時，一晚的輸贏是一百萬，心臟都不會多跳一拍。」又再嘆一口氣。

人生的上升與墜落

然後到二〇〇二年，因為做假帳，那支股票下市，財富如同煙火絢爛過後的夜空，一片沉寂，回歸於黑暗，同時他還罹患呼吸中止症，最長有六十七秒沒呼吸。

人生，如果沒有這一場上升與墜落，林三元不會到台灣微軟上班，六個月就升上副總，也不會因為在微軟時認識了中華電信董座呂學錦，後來應呂董之邀，接徐璐的位置，到中華電信基金會擔任執行長。

成功是天時地利人和。從迪吉多到微軟，林三元都不忘感謝一個人，誰呢？「朱高正！」他給了一個天外飛來一筆的答案。

很少人記得當年朱高正為何跳上立院主席台，但林三元記得，「為了教科文預算違憲」，朱高正一跳，改變了政府預算分配，教育部購買電腦設備的款項大幅增加，錢則進了電腦業者口袋。

預算的分配決定了國家的方向，但人生的路，每一個關鍵的轉折，又是誰決定的？為什麼選A而不是B或C？

林三元的疑問，來自當年他到迪吉多電腦上班時，曾經做過性向測驗，諮商師看著他的成績，無限訝異的表示：「你走錯路了，所有指標都顯示，你應該是一個藝術家，不是科技人！」

這件事在他往後的人生中慢慢發酵，除了考大學時國文成績超高，林三元從未曾意識到自己還有一個藝術的靈魂，一個他所不知道的自我，主流的價值觀決定他必須讀工科，現實則訓練他成為「縱入商場廝殺的魔」，「找關係，尋找法律縫隙的專家」，薪水很高，曾經名列全台灣的前五％，但同時看到的，是為賺取毛利三到四而被犧牲的環境和土地，「有時甚至沒有利潤，只是為了撐產能。」

藝術家靈魂漸漸甦醒

也許是那個藝術家的靈魂漸漸甦醒了，進入微軟四年半後，他接受中華電信的邀請，ＩＴ業務頭目成為弭平城鄉的數位落差的推手，立地成佛，開始談理念和價值，「我們看起來好像只是捐電腦和網路，其實我們更深入到基層，告訴你科技的好處，但也告訴你，如果沒有好好運用，反而會阻隔人與人之間的溝通。既是魔，也是聖，這就是科技。」

他告誡代表中華電信到各地區蹲點的大學生，不要聽信政治人物，不要聽信父母，也不要聽信我林三元，台灣的面貌為何，台灣的價值是什麼，「你們必須自己去看去體驗。」

微軟教會林三元看見「問題背後的問題」，而台灣問題的背後，他認為是文化沒有被重視，不對的事情卻被忽略，消費文化當道，陷入一種集體的自我感覺良好，「台灣需要一個文化革命。」台灣需要一場文化革命，而林三元能夠做的，就是提早六年退休，走上街頭推廣草編。

源頭是二〇一二年，在中華電信的董事會上，一位董事提議基金會的工作方向，除了縮短城鄉數位落差，「也不要放棄協助台灣的文創和微型產業，」林三元有點尷尬不知如何回應之時，董事之一的原委會主委孫大川出面解圍，「沒關係，我們原委會請了一位專家黃永松老師，他也可以幫忙基金會……。」

黃永松何許人也？林三元不知道。

復興草編的使命

林三元承認那是他第一次聽說黃永松，漢聲四君子之一，「我不是文化人啊，」苦等幾個月後兩人終於見面，黃永松諄諄教誨，讓這位科技人明白，文化是所有創意的來源，若想扶植產業，必須復興手作，日本精密工業行銷包裝的密碼正是手作，而職人精神的奧義，亦是手作。

然後黃永松拿出一本漢聲出版的《中國童玩》，翻到草編那一頁時，林三元的心臟撲通撲通狂跳，「這我也會，而且會得更多，超過三十種。」他說。這下輪到黃永松激動起來，看過林三元作品後，他像揭開封印般宣告：「這就是你的使命。」

每一個人的出生都為完成某種任務而來，林三元相信。遇見黃永松之後，他重新定位草編，不是把妹工具或哄小孩的玩具，而是必須傳承之民藝，他成立粉絲團，製作教學影片，極盡可能的廣納百川，吸收學習，精進技藝，直到可以編出高難度的幸福鳥、旅蛙、秋蟬、送子鳥，並結合日本摺紙，越南和阿美族的傳統編法，發明足以申請專利的螃蟹。

他甚至請了二十八天長假，到美國六個城市的華文學校教授草編。每走一步，都彷彿在向昨日之我告別。

卻顧所來徑，林三元明白了一件事，他的人生行路在中華電信基金會來到交叉點，路有兩條，他選擇了那條再也無法回到商人的路，去做一個打賞金稀薄的街頭藝人，一杯咖啡，免費的陽光與風，孩子的嘻笑，獎賞是獲得深具意義的快樂。

你可能看過林三元，如果還沒有，總有一天會遇見，在某個人潮如浪來如浪去的所在。

（原載於二〇一八年十月，《蘋果日報》蘋中人版）

我做的都是小事

做食物的人顧瑋

油鹽醬醋茶米酒咖啡巧克力，每一樣她都階段性的，窮盡一切的想知道，找到「最想把事情做好」的合作夥伴，創立的每一個品牌都像自己生的孩子，「每一個孩子都不是不小心生的，都要負責。」

約顧瑋的時候，她是這麼回答的：「我做的都是小事，有興趣的話，就來聊聊吧。」對於和顧瑋聊天，我興趣濃厚，一個很大的動力是好奇。她的江湖名號有「台灣食材的探險家」、「找米獵人」、「以味覺與嗅覺推廣台灣土地滋味的實踐家」、「連續創業家」，美食評論家高琹雯則從朋友的視角稱她為「台灣食材的狂熱者」……每一個聽起來都足以

寫成一本書。

顧瑋做過哪些「小事」呢？二〇〇八年至今，她創了「在欉紅」、「不二味」、「台灣原味」、「土生土長」、「泔米食堂」、「米通信」、「COFE 喫茶咖啡」等七個品牌，有順順利利也有磕磕絆絆的，而連結品牌與品牌的那條線索正是「台灣食材」。

果醬品牌「在欉紅」一戰成名，賦予紅心芭樂新的生命和更高的價值，但兩年後顧瑋放手，「我無法管理這個品牌，和主廚吵架，主廚和我，當然主廚重要，於是我就離開。」

今年五月開始，她把全部心力放在照顧嗷嗷待哺的「COFE」，我們就約在迪化街，設在「印花樂」店面二樓的「COFE 喫茶咖啡」。對大多數人說，那一排住在冷氣玻璃櫃子裡像某種精品，似是巧克力卻又不是巧克力的咖啡薄片、茶薄片，實是不可思議，魔幻寫實一般的存在。

顧瑋這人也很魔幻寫實，朋友都說她「行徑飄忽」，十一年來，從拜訪水果產地開始，她曾飛到法國手工果醬主廚克莉絲汀．費伯（Christine Ferber）的甜點店請益；自願當司機兼記錄，跟著食材達人徐仲跑了全台五十幾家醬油廠。她尋找願意讓花生多曬幾天太陽的小農。從宜蘭、花蓮到台東，一路翻出隱藏版的稻農，根本獵米魔人。為了破解巧克力的奧秘，飛去秘魯參加國際巧克力協會辦的可可後製與品質評鑑認證課。英國葡萄酒與烈酒教育基金會辦的國際品酒課程她名列其中。十月的第一個星期，她參加台北國際咖啡節，公開限定版 vodka 酒萃台灣咖啡花、果、葉與豆後，直奔南投的茶改場連上午五天課，準備考茶中級檢定。

但她的名片上沒有頭銜，問她如何說明自己的工作或身分，「我是一個做食物的人，並且願意窮盡一切，去知道食物的道理。」她給了最簡單又最複雜的答案。

選當下比較想做的那件事

台大分子醫學研究所畢業後，顧瑋面前有兩條路，留學和咖啡，而留學所需的考試她都已高分通過。

「為了咖啡放棄出國攻讀博士」就成為顧瑋故事的標準版本，但這個太簡化的說法她並不認同，「在每一個當下，我都選比較想做的那件事。」

她堅信人有選擇的自由，「說無法自由選擇的人，都是因為放不下。」她選了咖啡，於是碰到的每個人幾乎都會這麼說，要做咖啡的話，花六年讀大學和研究所，不是浪費了嗎？

「如果我不喜歡分子醫學，那就叫做浪費，但我很喜歡這門學科，願意花六年把適合和不適合我的事情都做好。」

她知道自己擅長邏輯思考，快速理解並整理複雜的資料，但「腦袋和手就是沒有連在一起」，必須很拚命，花比別人多三倍的時間才能完成實驗，在不想花幾個小時枯等實驗結果的日子裡，就騎著腳踏車到處去喝咖啡，「那時我不懂咖啡，但生命需要一個出口，換一個環境。」結果她闖進一個完全不同的世界，遇到一群價值觀迥異的人。

毫無理由的，她就被吸引了，生命的重心無聲無息的置換，從到咖啡店打工，再到學習成為一個 barista（咖啡師），同時還兼差翻譯生物醫學期刊，一天三個小時就可以賺到一份正職的薪水，「可是當你發現那些事情並沒有麼吸引你時，三個小時就是浪費掉的。」

傳遞「精神」的果醬

有限的時間要用來做喜歡的事，但喜歡未必做得好，這和做實驗一樣，顧瑋很快就發現自己沒有條件成為一個好的 barista，但百分之兩百是個愛吃的人，對一款法國果醬情有獨鍾，那年她二十七歲，決定告別咖啡，和兩個朋友一起創業，用台灣水果做果醬。檯面上，她寫出了一則「在欉紅」橫空出世故事，故事的背面卻是持續半年不斷的失敗，「我不想做出一罐徒有甜味，卻無法傳遞某種精神的果醬。」

技藝之外，一種因為與土地連結所產生的感情，並且透過加工，充分表現食材的獨特風味，這就是顧瑋所謂的「精神」。

其實顧瑋是都市小孩，公務員的父母認為把孩子餵飽最重要，「所以他們就把所有的食材都丟進一鍋湯，」後來讀衛理女中，住校六年，連吃六年大鍋飯，以致到後來可以自由選擇食物時，她不吃自助餐，也拒吃便當，一直到有一次與厲害的朋友到日本，吃了一頓日幣三萬的割烹料理，味覺大覺醒，方知米飯可以美味到一種不必配菜的境界。

做果醬開啟顧瑋直接向農民買食材的契機，「土生土長」則讓她學習到如何排除成見和既有的價值觀，找到好的產地，建立可以傳承下去的「產地訪查」方法學，她小心翼翼不偏向某一種價值觀，「所有的價值觀，只要你進入了，就會直接去反對別人的價值觀。」說的是尋找產地與食材，卻無可避免的讓人想到政治。

從生產的源頭開始，顧瑋確立一個信念：「我們是在做加工，做價值鏈後端的事，價值鏈的前端在食材」，前端和後端一樣重要，甚至更重要，「但現代人都用濫情的文案來包裝產品，」這股文青風讓她有點無法忍受，「我是非常純粹的，缺乏感性的理組人。」

果醬之後，「土生土長」、「台灣原味」、「泔米食堂」，顧瑋都循著同樣的信念，她把自己定位為台灣物產價值的「傳遞者」與「表現者」。

「土生土長」已開發出五十多種產品，可以靠著產品自己找到通路，找到需要的人，其中的招牌發芽冷萃花生油，法式料理主廚陳嵐舒曾在臉書上盛讚這是「世界級」，更有日本的料理研究家每年專程來台掃貨，「花生油要做到這樣難不難？不難，只要種有機，曬乾一點，產量會少三成，但我用四倍價收購，一年生產兩百瓶，為什麼？因為四百瓶就賣不完。」這是顧瑋的理想與務實。

「泔米食堂」主打台灣米定食，找米的過程顧瑋發現，上網找資料、詢問農會，通常只會跳出故事說得好，或者以包裝取勝者。但泔米食堂認定的好米又是什麼呢？顧瑋的方法，就是親自到現場，以一種非常沒有效率的方式，從一個問題跳到另一個問題，由一個受訪者連結到下一個受訪者，並且跟每個遇到的地方媽媽學煮飯。發行「米通信」，完全是學習筆記的概念，為了把訪查所得到的內容整理成系統化的知識。

喫的咖啡

每一次創業顧瑋都奮不顧身，不給自己留退路，「每個人都說創業是在做自己喜歡的事，我說那些人都在作夢，創業這件事是在考驗你，為了喜歡的事，你可以做到什麼程度？」每一次創業都是她當下最想做，也比任何人都更想做的事，「泔米食堂」算是比較容易理解，也最快達到收支平衡的品牌，至少顧瑋的父親就很支持，至少知道女兒到底在做些什麼，但是到了COFE，就又墜入迷霧了。

生命的軌跡也許從來都是一個圓，走了十年，顧瑋又回到出發時候的咖啡。

以品味之名，宣稱不喝啤酒只喝葡萄酒，或者認定一杯咖啡比一杯茶高級，一杯茶又比一碗飯高級。在「假會」的階段，顧瑋也搖晃過，但慢慢的她發現，也用力反省，「所有的東西，吃的喝的，對我來說都一樣，都只有兩個字：風味，只是在不同的脈絡下有不同的價值。」

油鹽醬醋茶米酒咖啡巧克力，每一樣她都階段性的，窮盡一切的想知道，更不惜血本的去上所有的課，找到「最想把事情做好」的合作夥伴，創立的每一個品牌都像自己生的孩子，「每一個孩子都不是不小心生的，都要負責」，與「九日風」創辦人楊豐旭共同開發的COFE則是孩子中最難養的，「因為門檻高，沒有現成的市場。」

在投入COFE前，就有資深經理人的朋友告訴顧瑋，千萬不要做，一定會死，她點點頭表示有聽到，但還是去做了，把巧克力成分中的可可豆置換成阿里山的咖啡豆，成為

「喫的咖啡」，這乍現的靈光讓她頭腦發熱，血液沸騰，「所以非做不可」，而既然做了，「就得努力想辦法讓足夠的人需要它，喜歡它」。「喫的咖啡COFE」後來又進化到把咖啡豆置換成各種台灣茶葉並加入黃豆粉的「喫的茶COTE」，其中四支作品剛剛獲得二〇一九世界巧克力大獎，白巧克力品項的一金三銀，整個過程簡直就是一場夾帶著哲學思辨的，巧克力、咖啡與茶葉的風味實驗。

一路行來，從身到心，顧瑋被各種學習、各種風味，加上不斷的移動、搬貨、跑銀行填滿了，她未曾想過婚姻，「生命裡根本放不進另一個人」，父母至今都還為她擔心，不明白她的選擇，「他們覺得我都在吃喝玩樂，浪費生命。」但她的狂熱終究不孤獨，就算對食材的要求龜毛到讓人痛恨，還是找到了願意合作的農民，用公平的價格購買，從未匱乏；就算她要創的業屬於稀有物種，也還是找到了願意一起走下去的夥伴。

「我相信這塊土地上還有無窮無盡的資產，正在等著我去找到。」

（原載於二〇一九年十月，《蘋果日報》蘋中人版）

後記：「COFE 喫茶咖啡」繼續走在得獎的路上，二〇二一至二二的亞太區巧克力比賽，拿下二金二銀一銅二特別獎。風味白巧克力類，獲金獎的是木杉葡萄×東方美人茶。可可脂類，冷壓台灣可可脂奪得金牌。

後記

我的路邊野花時光

為什麼野花如此美？為什麼我會被這樣的美吸引、震動，感動到想要流淚，我不斷自問。這不是科學，而是哲學的提問了吧？

我們知道的開花植物超過二十五萬種，還有很多我們沒發現的。我們認為百分之二十五的綠色植物會在五十年內滅亡。研究者估計，每週都有一種植物在某處消失。

——《花朵的秘密生命》(*Anatomy of a Rose*)，蘿賽（Sharman Apt Russell）

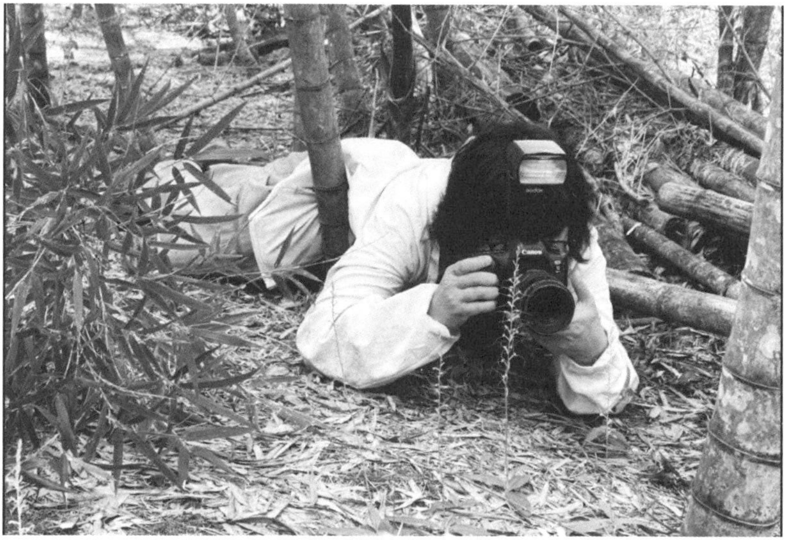

廖美鳳／攝影

我不清楚遠方哪些植物消失了，但很明確知道，七年多以來，我家對面暖暖運動公園曾經有台灣白及，曾經有野菰，也曾經有桔梗蘭、百金與半邊蓮，但因為族群單薄，競爭不過強勢植物以及除草機，都沒能繼續繁衍，擴大族群，只有細葉蘭花蔘、庭菖蒲等存活了下來，透過微小纖細的植株發出春天的淡藍淺紫訊號，每年三月我都沿著公園的草坪尋找，確認它仍舊存在，一種「寶寶還有呼吸」的安心，但要拍好它可真不容易啊，必須等待風停，還要停止呼吸，有一回趴在地上正在找機會按下快門時，一隻被帶來遛搭的瑪爾濟斯跑到我耳邊嘶嘶呼呼，「便便好了嗎？」我聽見牠的主人說。

這是追野花的風險之一。

還有一種風險，就是誤認。我聽到有人對著通泉草說是紫花酢漿草，這樣的指鹿為馬當然我不可能犯，但小堇菜、短毛堇菜和紫花地丁，我就被搞得灰頭土臉，既然無法扭轉不注重細節的粗疏天性，就只能一概以「堇菜」稱之。

而我住的社區，還出現過綬草，命運也是一樣，奮力吐納三年，管理員還特意移種到花盆裡照養，終究還是被酢漿草掩覆。

野花魂大爆發

事情發生在七年前的某一天，尋常的一天，從道路旁到海邊，從淺山到高山，我忽然火山大爆發般的想要認識各種野花，比開始看鳥還早一年，即刻買了張永仁的《野花圖鑑》（上下冊，平地低海拔篇與中高海拔篇），先從頭到尾翻了一遍有如打底，再以我的生活圈基隆暖暖為中心，一有好天氣就帶著一隻華碩手機，近則到對面菜園、暖東苗圃以及運動公園，遠至四公里外的暖東峽谷，土法煉鋼地搜索每一寸有植物覆蓋的土地，把花與葉拍回來，再一一與圖鑑對照。

每多找到一種沒看過的花，每確定一種花的名字，就像野花存款就又多一筆入帳，手上股票不斷上漲的感覺大致如是吧？

而人生中所有的「忽然」也許都不是「忽然」，年輕時爬高山我就愛沿路找低矮處的小花，玉山山蘿蔔和高山沙參成了我高山野花的初戀，經過數十年的隱藏潛伏，以為星火已熄水流乾涸，但年歲移動到了某個時點，發現自己不再向前而是倒退著走，「我現在做的事都是小時候，或者年輕時候喜歡過，但沒有持續下來的。」有個朋友說，我一萬分的理解，認同。

智慧手機當然是一個契機，它讓拍照變得不再奢侈而且輕鬆容易，連一公分的小花都能清晰呈現，但一年後我已經不滿足，就換了單眼相機加上一顆銳利度讓人感動的百微，只不過遇到睫穗蓼、節毛鼠尾草、菁芳草這一類花徑五 mm 以下的小小花，還是難以招架，便又添了一台花友推薦的 TG-4 備用。

我狂熱的蒐尋開在荒野地、邊坡、海岸邊，被當作雜草無人聞問的蔓草野花，特別是需要仔細蒐尋才會發現，然後跪下趴下來拍的那一種。透過鏡頭，我的大腦興奮起來，花瓣、花柱、子房、萼片……我從野花中看到了精巧的結構以及驚人的美，譬如乍看之下如一團圓球，複繖形花序的水芹菜，其震撼力遠比櫻花、木棉、黃花風鈴木強大，而修飾整齊的花園過於冰冷與理性，無法牽動我的情緒，人工的花海也是。如果我有一座花園，一定是美國植物作家莎拉史坦因（Sara Stein）說的《生機花園》，台北植物園就有點那個味道。

換句話說，我排斥園藝，心理學家對這種堅定的反主流傾向應該會有一番說法。

大自然的禮物

是啊，每一朵野花都是大自然的禮物。以暖東峽谷到我家這條四公里長的基福公路段為例，三月春天走一趟，至少可以記錄到哈哼花、地耳草、竹仔菜、克非亞草、小菫菜、鱧腸、昭和草、土人蔘、台灣筋骨草等三十種野花，它們不是救荒植物就是可作為藥用。有人問我，放眼望去，啊不就是大花咸豐草、紫花霍香薊、通泉草和紫花酢漿草嗎？頂多加上青葙、兔兒菜和黃鵪菜，哪來那麼多種花？

我想是我走得很慢，走得很慢，還必須蹲下來，才能看見。

以上幾種大約就是荒野地的主角，它們族群龐大，繁殖力迅猛，菊科鬼針草屬的大花咸豐可能是常見之中的第一名，馬路、海邊、休耕田、荒廢地、水泥牆，低海拔到一千多公尺，一月到十二月，無所不在，據說是八〇年代，養蜂人為尋找一種全年開花的蜜源植物而引進，沒想到這傢伙是強勢的入侵種，有如後來鳥界的埃及聖䴉，根本性的改變了生態環境，它一旦入侵便據地為王，而且還會抑制其他種子發芽和小苗成長，嚴重減少生態的多樣性，極度需要野地管理策介入。

每當經過一處大花咸豐盤據的荒廢地我就嘆氣（真是對不起蜜蜂……），不過我發現紫花霍香薊的長勢有時完全不輸給大花咸豐，在重整過復又半荒廢掉的暖東峽谷，紫花霍香薊掌管了大片江山，以及陽光下，紫花酢漿草美到讓人想對為它寫一首詩。

最後，就在我的四公里路將盡，住家在望，我發現教會的草坪上除了通泉草，還冒出泥花草，又在一個廢棄花盆中，瞥見一小欉烏面馬草純白無瑕綻開。

種子從何處飛來落土，土壤裡又蘊藏著什麼樣的種子，永遠是一個值得等待答案的謎。

我必須承認，野花魂爆發之前，我的野花辨認能力接近零分，只懂得看大片風景，白雲、大樹與遠山，對腳邊的微小事物習慣性視而不見，或者見而不察，把通泉草、酢漿草、紫花霍香薊等等統稱為「美麗的小花」、「不知名的小花」，及至野花之門開啟，每一種花都有了名字，而名字是一個入口，隨著名字而來的是知識和感情，以及無法預知的驚喜。

三位親民的台灣原生蘭

驚喜不斷，但最大的驚喜，來自於認識了三月的綠柱蘭，四月綬草，以及五月台灣白及這三位非常親民的台灣原生蘭。

發現的過程，要拜臉書上的各種野花社團之賜。

天地之大，花癡何其多。加入社團後，驚覺「花友」族群遠比鳥友、蟲友、星友陣容壯闊，而且臥虎藏龍，野花達人遠在天邊近在眼前，一位人稱「庫老」的老師總是挺身為惶惑大眾釋疑解惑，我潛水學習，但遇到圖鑑查不到的野花，也知道必須厚著臉皮去信詢問，恐怕是表現過度認真，有一天，庫老主動告訴我深澳有一片台灣白及。

自從運動公園的台灣白及消失之後，我總期盼能夠再見它一面，得知深澳某處有一族群，隔天一早立刻直奔花點，即知即行是必要的，曾有花友在內雙溪碧溪產業道路發現一欉，兩日後再訪，連根帶土整個被挖走了。

花果然就在卡車呼嘯來去的路旁邊坡，與蟛蜞菊分享一塊大自然經營的野地，同時迎著陽光綻放，我呆呆杵在陽光裡，第一次了解原來幸福擁有具體的形狀。

如今台灣白及已有園藝種，但在野地看見它的感動留存至今，那是三年前的相遇了，我因此買下三冊《台灣野生蘭》作為床頭書，但一直不敢再回到那條路上，深怕只是一場夢。

綬草則是自己發現的。

不開花時，它就是不會讓人多看一眼的雜草，但因為開了花，草坪上綴著一尾粉紅，我才在社區草坪上發現它，查了圖鑑方知此花係台灣最小的平地野生蘭，其花序如一尾邊緣帶著粉紅的白龍盤繞於花莖上，美到像被吸進微形的天堂，為了看清楚它生為蘭花應有的唇瓣與蕊柱，我可以花一小時趴在草地上任由小黑蚊叮咬。

為什麼野花如此美？為什麼我會被這樣的美吸引、震動，感動到想要流淚，我不斷自問。這不是科學，而是哲學的提問了吧？

社區草坪的族群甚小，後來在金山下埔，我意外找到盛大的族群，在一整片長草短草夾雜紛長的野地，綬草自成一個王國，而且更加肥碩鮮美，重要的是，這裡少有人跡，我興奮到像挖到秘密金礦，慾壑難填啊，怎麼看怎麼拍都不滿足，直到光線一格一格暗下去……。

隔年同一時間再去，那塊地已經整治過，我的綬草也如同青春一去不復返。

線柱蘭也是長在草坪上，我思慕已久卻始終無緣在正確時間到正確的地方，一直到今年二月，根據花友指引，心願終於在新店慈濟醫院的草坪達成。陽光下，陰雨中，我一去再去，你不會知道草坪上藏著如此多株，又如此微小的蘭花，它們的黃綠色唇瓣從白花中伸出，一秒鐘就收服了我。有學植物的朋友做過試驗，發現特別挖取培養的始終長不好，置之不理，反而年年開花。

我從來不是自然的基本教義派，然而台灣白及、綬草和線柱蘭教會我，我們必須信任自然，而人為的介入與干預，不過是為了讓自然回復為真正的自然，原初的自然，如此而已。

一個生命中必須註記的日子

二〇二〇年三月二十六日，一個我生命中必須註記的日子，有一種不認識的花轟轟然開展在我眼前。

它們真美，又正盛開。白刷刷的頂生花花序，在我看來，每一朵就像微縮版的百合，然後數十朵百合聚攏成一束，偏長在公園邊角，一塊人跡罕至的開闊草生地。

你是誰呢？我問天問地，只聽見大冠鷲忽悠～忽悠～。

植物學者陳玉峰總說名字不重要，重要的是要觀察，以及找出自然與自我之間的連結。我有點懂有點不懂。名字對我很重要，沒有名字就找不到入口，無論如何我都想先找到入口，再向內張望。

所以我蹲跪下來拍照，準備回家後請教一位強大的花友。

這日陽光燦爛，陽光召喚我到運動公園找出更多的綬草。據我所知，暖運公園並沒有做植物調查紀錄，我也從未在這裡遇到找野花的夥伴，我猜想我是第一個在這裡發現野菰、台灣白及和百金的在地人。為了野菰，我還曾經拜託園方暫時別除草，同時告訴他們岩壁上有台灣白及喔，換來「那是我們的工作啊」、「草太長民眾會抗議」的回應。

有段時間這裡也跟風種櫻花，水土不服幾乎全部陣亡。

三月十六日，我在栽種百合的草坪發現了第一株初開花的綬草，但沒注意有無微縮版百合。依綬草花苞狀況，我估算二十六日應該開好開滿，果然一踏進公園，就在已被雜草占領的花壇找到十株，大喜。也許是陽光太好，也許是深信病毒畏懼陽光，總之我下了決心普查公園綬草，於是從上午十點混到下午快三點，因為綬草，附帶發現好大一個族群的細纍子草和地耳草（它們過午之後就閉合了），細葉蘭花蔘、小堇菜、節毛鼠尾草和圓椎花遠志則恆常穩定，就在趴著找到第三十株綬草時，一種不認識的花向我招手。

經驗告訴我，如果此處出現一個小族群，必然會擴散到周圍，果然在三十步之外我看到一個更大的族群以及離群索居的幾株，數一數，大約一百多株。

可是，這條小徑我走過無數次，微縮版百合又比綬草大好幾倍，怎麼以前從未曾看過？疑問像影子跟著我回到家，我先翻圖鑑，查不到，就把照片傳給強大的花友，「很像某種菜。」我說，同時上手機問「形色」。「形色」幾秒鐘後就告訴我這叫做「澤珍珠菜」。

我只在海濱看過茅毛珍珠菜。「會是澤珍珠菜嗎？」我在線上問花友。

花友說有像是有像，但「澤珍珠菜」在台灣記錄為「已滅絕」，上次被看到是一百多年前，「應該不可能」，不過為了慎重，強大的花友就拜託另一位更強大的花友，約定隔日來現場勘查。

竟然發現已滅絕的植物

我大驚，深覺事情莫名的大條，有必要請植物學者出馬。

癡迷野花野鳥，專業煮飯洗衣之外，文字工作者是我的另一個身分，因為報導《台灣原生植物全圖鑑》，我採訪過林試所副研究員鐘詩文博士，這人是充滿天然野性的文青，對植物的狂熱幾至沸騰，人不是在關門古道就是在大漢山或蘭嶼，鑽進的都是無人無路的深山，或者莎勒竹爆長的密林。我找到他的臉書，私訊他，把照片傳給他看。

「很像，真的很像，」他秒回，又問了一堆問題：是有人種的嗎？怎樣的生長環境？有多少株？公園有填過土嗎？如果有，土是哪裡的土？哼哼，後面一題我哪裡會知道答案。

然後他又傳來一篇文章，我讀後方知原來澤珍珠菜曾經存在台北濕地，但隨著濕地消失，很多濕地植物也跟著滅絕，包括澤珍珠菜。

換句話說，這是紀錄中不存在台灣的植物，一直到二〇〇七年，科博館楊宗愈博士在俄羅斯科馬洛夫植物研究所標本館發現一批一百多年前向日本人矢野勢吉郎收購的標本，其中有一八九七年採自台北的澤珍珠菜，是一個在台灣已沒有個體的新紀錄種，如果真的是澤珍珠菜，那麼我看到的，不就是一種台灣一百二十三年來從來沒有人發現的植物？這是偶然還是必然？

氣象預報說隔日上午天晴，但下午變天，發出大雨特報，我和鐘詩文就約定隔日上午公園見，那晚我失眠了。

二十七日，更強大的花友九點來，他拍了照片，傳給一位植物學老師，「老師幾乎確定就是。」他告訴我。

十點，鐘詩文帶著研究助理黃偉傑前來，「看到照片後我半夜就想跑來……」他笑嘻嘻的說，顯然失眠的不只我一人。

兩人對著我的微縮版百合慎重的拍照、檢視環境，還挖了幾株要回去解剖和復育，我只問了我最關心的問題：到底是不是啊？

鐘詩文點頭。

我們開始商量後續，還把關心生態的王醒之議員拉來，醒之建議開記者會宣告，但考量現場可能遭破壞，植物被挖走，最後決定等花期結束，種子散播出去後再公開。期間萬一除草呢？我跟認識的公園管理人員打探了一下，有兩個好消息，一是這裡沒填過土，是原汁原味的土，土裡原來就埋藏著澤珍珠菜的種子，但也可能由候鳥攜帶過來，或者是隨風送來的禮物。二，負責該區的除草人辭職不幹，所以短期之內這塊草區都不會受到擾動。

原來之前幾年我沒遇到都是因為除草？

意外的結局

三月三十一日，在赴蘭嶼做植調之前，鐘詩文傳來了一篇待審查〈澤珍珠菜於台灣消失一百二十三年後的再發現〉，把我列名為第三作者，於是我被寫進了一則故事，那故事似乎是我啟動的，我啟動了一個不知如何寫下去的故事，只有植物學家才能接下去寫，完成它。

之後幾日我等待著故事的展開以及結局，還有朋友封我為「公民科學家」，好像我已成了科普書《意外的守護者》（*Incidental Steward*）裡的角色。我不曾用名牌（相機除外），「科學」之於我猶如千里之外的名牌，我一堂植物課都不曾上過，分不清楚雌花雄花，搞不懂蒴果莢果蓇葖果，我愛的是辨認長在野地上的微小植物，驚異於它們的精巧與美麗，任人踩踏卻永遠能夠死裡復活的生命力。

也許不是死裡復活，一百多年來，澤珍珠就默默的活在無人侵擾的野地，花開花落，它不是期待王子親吻的公主。

土壤與種子更是奇蹟。我在亨利梭羅《種子的信仰》（*Faith in a Seed*）讀到，有一種薊，從一粒種子開始，設若在五年之間生長繁殖不間斷，到第五年，它生產的後代不但足夠播滿地球表面，甚至可以播滿太陽系所有行星的表面。

種子以及產生種子的植物，才是支撐大自然各種體系的基石，寫《種子的勝利》（*The Triumph of Seeds*）的生物學家索爾漢森（Thor Hanson）說。

我決定好好讀書，渾然不知我們的故事正要進入迎接巨大變化的章節。

四月七日晚，鐘詩文的聲音從蘭嶼傳來，萬般無奈。他的文章尚未公開，但環境資訊中心線上刊載了王偉聿、楊宗愈共同掛名的〈滅絕植物沉睡一百二十餘年後再度甦醒：澤珍珠菜〉。

如果這是比賽，我方顯然落敗。

我點進去讀。楊宗愈就是從俄羅斯帶回澤珍珠菜標本的學者，行文中他提到，三月中旬，在他開車下山途中，有人把幾張植物生態照片傳到他手機，一看，心頭一振，「不就是在台灣滅絕的澤珍珠菜嗎？」那是一個上午天晴下午大雨的日子，隔天大雨依然，他在有雷鳴的雨中抵達「北台灣某處廣闊的草地」，關於生育地的描述與我的公園幾乎疊合，也就是說，在我為尋找綬草而遇到澤珍珠菜之前的十天左右，澤珍珠菜就已開花，有一個人發現了它，而且確定這是一種不尋常的植物。這位不具名的發現者想必是在地人，與我一樣長期觀察野地植物，無論如何都不會有人老遠跑到這個天涯海角找植物，一定是這樣的，只是我從們從來沒有遇見過。

我們的故事尚未公開，結果有人先一步說了另一個版本的故事，於是我寫下以上這些文字，記述我與微縮版百合相遇的經過。就為了那一瞬間的相遇，我在草地上趴趴走了七年。

但無論誰第一個發現，澤珍珠菜還是澤珍珠菜，但願它永遠活在這塊土地，與日月星辰同在。

（本文為〈路邊野花〉與〈123 年後則珍珠菜再度面世，第一發現者重現追蹤過程〉合併，

分別發表於《台電月刊》與二〇二〇四月十七日《農傳媒》）

PEOPLE 系列 490

守住角落的人

他們或縱身自然，或獨行藝術曠野，漫漫前行，閃著微光

作者　蘇惠昭｜**照片提供**　蘇惠昭、黃美秀、陳美汀、范欽慧、劉志安、綦孟柔、林哲安、吳嘉錕、梁皆得、風潮音樂、達志影像、目宿媒體｜**策劃暨編輯**　有方文化｜**總編輯**　余宜芳｜**主編**　李宜芬｜**封面設計**　陳文德｜**內頁排版**　薛美惠｜**編輯協力**　謝翠鈺｜**企劃**　鄭家謙｜**董事長**　趙政岷｜**出 版 者**　時報文化出版企業股份有限公司　**地址** 108019 台北市和平西路三段二四〇號七樓　發行專線—（02）23066842　讀者服務專線— 0800231705（02）23047103　讀者服務傳真—（02）23046858　郵撥——九三四四七二四時報文化出版公司　信箱——〇八九九台北華江橋郵局第九九信箱　時報悅讀網 http://www.readingtimes.com.tw ｜**印刷**　勁達印刷有限公司——初版一刷 2022 年 12 月 2 日｜**定價**　新台幣 420 元｜缺頁或破損的書，請寄回更換

時報文化出版公司成立於一九七五年，一九九九年股票上櫃公開發行，二〇〇八年脫離中時集團非屬旺中，以「尊重智慧與創意的文化事業」為信念。

有方文化

ISBN：978-626-353-142-0
Printed in Taiwan

守住角落的人：他們或縱身自然，或獨行藝術曠野，漫漫前行，閃著微光 / 蘇惠昭著. -- 初版. -- 臺北市：時報文化出版企業股份有限公司, 2022.12
面；　公分. -- (People 490)

ISBN 978-626-353-142-0(平裝)

1.CST: 自然保育 2.CST: 臺灣傳記 3.CST: 人物志

783.31　　111017751